KB138936

불안한 마음
괜찮은 걸까?

# 불안한 마음
# 괜찮은 걸까?

**오강섭** 지음

KOREA.COM

## 인간의 기본 감정인 불안이 당신의 일상을 멈추기 전에

불안은 인간의 기본 감정이다. 인류는 누구나 불안을 경험할 수 있고 어떤 특정 시기에는 어쩔 수 없이 심각한 불안을 경험하기도 한다. 사람은 일반적으로 스트레스를 받으면 다양한 스트레스 반응을 보이게 되는데, 심리적으로 가장 먼저 나타나는 것이 불안이다.

정신건강의학과 전문의인 필자도 불안을 느낀다. 코로나 바이러스 19의 확산으로 불안에 휩싸인 사람들의 정신건강이 위태롭다는 것에 대해 불안을 느낀다. 불안장애로 내원하는 사람이 많아지고, 미래에 대한 불안으로 우울감이 커져 가는 청년 세대가 불안하고, 100세 시대를 행복이 아니라 외로움과 고립의 두려움으로 맞는 노년층을 지켜보기가 불안하다.

그러나 불안은 우리를 움직이게 만든다. 필자가 정신건강의학과를 선택하고 사회불안장애를 연구하기 시작했을 무렵, 한국은 IMF 경제위기로 사회 전체가 어려워졌다. 필자와 동료들은 사회가 위태로운 만큼 정신건강도 위기라고 느꼈고, 그런 불안이 함께 모여 한국인의 불안을 연구하고 치료법을 모색해 나가게 만들었다. 이 모임이 지금의 대한불안의학회가 되었고 지금까지 정신건강을 지키기 위해 연구하고 있다. 한국인의 자살률이 수년째 OECD 국가 1위라는 것에 대한 위기감은 자살예방 프로그램과 예방센터 활성화를 위해 애쓰게 만들었다.

21세기 최대의 전염병 재앙에 모두가 고통받고 있다. 우리는 이러한 불안에 대항하여 마스크를 쓰고 거리두기를 지킨다. 의학자들은 밤을 새워 예방주사를 만들고 치료제를 개발한다. 인류는 이렇게 다양한 재앙과 위기에 맞서기 위해 분투해 왔다.

불안이라는 감정에 대한 반응은 이처럼 자기를 보호하는 방식으로 드러나는데, 간혹 불안이 나의 생각과 마음을 잠식하여 몸을 아프게도 하고, 생각이 잘못된 방향으로 흘러가 관계를 방해하기도 하고, 일상을 수행해내지 못하게 행동을 멈추게도 만든다. 이를 불안장애라고 한다.

불안장애의 증상도 매우 다양하다. 어떤 사람은 특정 장소에 대해 숨이 가쁘고 어지러운 증상을 내보이고, 어떤 사람은 일상의 모든 일이 불안해서 두통을 달고 산다. 어떤 사람은 사람들 앞에 나서기가 너무 힘겹고, 어떤 사람은 개나 고양이를 보면 매우 큰 공포심을 느낀다. 불안장애는 뇌에서 '위기'라고 인식하는 상황이나 그 반응의 정도에 문제가 생기는 것인데, 보통의 사람은 불안을 느끼더라도 이겨내지만 불안장애가 있는 사람은 이러한 불안을 소화시키지 못해 너무나 고통스러워한다.

1980년대 전까지만 해도 불안장애에 대한 연구는 부족했다. 정신건강에 문제가 있는지 판단하는 기준으로 삼는 〈정신질환의 진단 및 통계편람〉에도 1980년에 이르러서야 비로소 공황장애, 사회불안장애, 범불안장애가 서로 다른 질병임을 구별하였다. 그러나 이 이후부터 각종 불안장애에 대한 연구, 특히 불안장애의 원인과 진행 과정 등을 밝히기 시작하면서 적절한 치료법이 개발되어 적용되고 있다.

그럼에도 여전히 불안한 감정이 과하면 병이라는 사실을 사람들이 잘 모른다. 그래서 치료의 중요성을 모르거나 미루다가, 일상의 고통이 심각해지고 만성화되어서야 병원을 찾는 경우가 많다. 2016년 정신질환실태 조사에 의하면 불안장애의 1년간 유병률이 전체 정신질환 중에 1위였다. 특히 여성의 경우 정신질환 중 평생유병률 1위는 불안장애다.

필자는 이 책에서 불안에 관한 모든 것을 소개하고자 한다. 불안의 원인은 물론 다양한 현상, 실제 치료 사례, 불안 극복을 위한 훈련, 운동, 음식 등 불안을 다스리기 위한 모든 것을 담았다. 물론 사례는 모두 가명이고, 내용도 이해를 도울 정도로 수정하여 소개하였다.

혹시 지금 당신이 불안해서 이 책을 집어 들었다면, 당신뿐 아니라 많은 사람이 불안으로 일상을 위협받고 있다는 사실을 알려주고 싶다. 또한 스스로 불안을 극복할 수 있는 방법과 전문의의 도움을 받아 치료할 수 수 있는 방법이 있다는 사실도 알려주고 싶다. 불안을 다스리고 벗어날 방법이 있다는 사실을 통해 당신의 불안이 조금이라도 줄어들길 바란다.

이 책을 정리하면서 이시형 박사님에게 가장 먼저 감사인사를 드린다.

필자에게 불안장애를 직접 가르쳐 주시고 함께 연구하고 공부할 기회를 주신 분이다. 미국의 마이클 리보위츠 박사님에게도 감사 인사를 전한다. 내가 컬럼비아대학교에서 연수하던 시절 직접 지도감독을 해주며 각종 불안장애의 치료법을 친히 가르쳐 주셨다.

정신건강의학과 선후배, 동료 의사들, 특히 함께 불안장애를 공부하고 연구해 온 대한불안의학회 회원분들에게 감사의 마음을 전한다. 강북삼성병원 의국원들은 항상 바쁜 상황에서도 각종 자료조사에 많은 도움을 주었다. 감사를 전한다. 이 책의 집필을 제안하고, 출간되기까지 수고를 아끼지 않은 코리아닷컴 출판사의 이향숙 팀장님에게도 감사를 전한다.

불안과 불안장애는 스트레스가 많은 현대인이 가진 비교적 흔한 문제다. 그러나 이에 대한 정보와 이해가 부족하여 제때 치료받지 못한 사람들이 오랜 기간 힘겨워하는 문제기도 하다. 특히 불안장애는 우울증과 같은 기분장애나 다른 불안장애가 동반되는 합병증이 많다. 너무나 안타까운 일이다. 인간의 기본 감정인 불안이 당신의 일상을 멈추기 전에, 불안을 잠재울 수 있는 방법을 알고 벗어나게 되기를 바란다. 이 책이 불안으로 힘겨운 분들에게 쓸모 있는 도움이 되기를 기대해 본다.

정신건강의학과 전문의 오강섭

# 차례

들어가는 글 ···4

## CHAP 5. 불안은 몸, 마음, 행동을 지배합니다   ···187

"

불안을 느낄 만한 상황이 아닌데
불안함을 느낀다면 병적 불안이다.
또한 불안을 느낄 만한 상황에서 불안감이 든다고 해도,
그 불안의 정도가 너무 심하거나,
상황이 종료된 후에도 일상생활을 하기 어려울 만큼
심각하다면 병적 불안이다.

"

# 씩씩한 척하지만
# 불안합니다

# CHAPTER 1

# 도시화,
# 무한 경쟁의 스트레스

남들 앞에만 서면 얼굴이 붉어져 사람들을 만나기가 어렵다고 병원을 찾은 대학생이 있었다. 집에 혼자 있거나 가족들과 지낼 때는 괜찮은데, 다른 사람들을 만나면 얼굴이 심하게 붉어져 휴학까지 고려하고 있다고 했다.

다소 내성적이고 부끄러움이 많았던 그 대학생은 중학생 시절 급우들 앞에서 선생님의 질문에 답을 했는데, 답이 틀리자 선생님과 친구들이 크게 웃었고, 그때 얼굴이 붉어지는 것을 처음 느꼈다고 했다. 그 이후부터 질문에 답해야 하는 상황이나 많은 사람 앞에서 말해야 하는 상황이 되면 얼굴이 붉어졌고, 최근에는 사람들을 마주하기만 해도 얼굴이 붉어져 힘들다고 했다. 대학 생활을 하면서 이성도 만나고 싶지만 얼굴이 붉어지면 자신을 이상하게 볼까 두려워 도저히 이성이 있는 자리나 소개받는 자리에 나갈 수가 없다고 하였다.

이처럼 대인관계나 사회적 상황에서 두려움을 보이는 사람이 많다. 여러 사람 앞에서 발표하는 것이 어려운 사람도 있고, 모임이나 행사 등에 참여하여 낯선 사람과 교류하는 것이 힘들어 그런 상황을 되도록 피하려는 사람도 있다. 심한 경우 외출 자체를 안 하려는 사람도 있다.

우리 내면에 불안과 스트레스를 만드는 주요 요인은 '모름', '낯섦'이다. 내가 잘 모르는 세계, 또는 모르는 사람을 대할 때 긴장감이 올라가면서 이는 불안과 스트레스의 요인이 된다. 그런데 우리가 사는 사회에는 불안과 스트레스를 일으키는 요인이 있다. 불안할 수밖에 없는 환경 속에서 사는 것이다.

과거의 농경, 수렵사회에서는 일가친척이나 친지들이 모여 살았다. 그야말로 주변에 다 아는 사람들이었다. 비교적 단순한 인간관계 속에서 농사짓고, 물고기를 잡고, 가축을 키우면서 살았기 때문에 한정되고 협소한 사회에 적응하면 그만이었다.

반면 현대의 도시화는 익명의 사회다. 옆집에 어떤 사람이 사는지 모르는 상황에서 살아가는 인간의 뇌는 항상 긴장해 있는 상태다. 다양한 배경을 가진 사람들이 대도시로 몰려와 아파트, 직장, 학교에서 함께 생활하다 보니 적응하기 쉽지 않다. 지역마다 나고 자란 문화가 다르고 언어 습관도 달라 의사소통에서 오해가 생기기도 한다. 낯선 사람이 만나 낯선 상황이 만들어진다.

한국은 비언어적 소통이 중요하다. 대놓고 말로 표현하지 않을 뿐 아니라 언어 표현의 방식도 서로 다르다 보니 '눈치껏 알아차려야' 한다. "눈치가 빠르면 절에 가서도 젓갈을 얻어먹는다"는 속담이 있을 정도로, 생존을 위해서는 눈치가 중요한 사회 분위기가 형성되어 있다.

한국, 중국, 일본과 같은 동아시아 문화권의 공동체 사회에서는 '눈치'가 조화롭게 살아가는 데 필수 불가결하다. 문제는 '눈치'라는 것이 정확하지 않다는 것이다. 비언어적 소통이기에 언어만큼 정확할 수가 없다. 그래서 눈치껏 알아차리는 데 실패하는 경우 대인관계에 긴장이 올라가고, 심각한 경우 대인공포, 사회불안을 일으킬 수 있다. 직접적으로 표현하기보다 눈치껏 알아차려야 하는 대인관계에서, 타인의 의사를 정확하게 읽을 수 없고, 타인의 시선과 평가를 크게 의식하는 분위기 때문에 불안도는 올라가게 된다. 그래서 아이러니하게도 '눈치가 느는 때'가 '가장 불안한 때'라는 말도 있다.

도시화 속 무한 경쟁의 분위기도 스트레스가 된다. 직장 생활이 너무 힘들어서 아침에 눈을 떠 출근할 생각만 하면 가슴이 두근거린다는 40대 여성이 병원을 방문하였다. 그녀는 중건간부로 직장 생활을 잘하던 중, 최근에 부서가 바뀌면서 새로운 업무가 주어진 데다가, 새로운 상사가 매우 성취 지향적이어서 요구 및 지시 사항이 많아 스트레스가 심해졌다고 한다. 부서 이동 후 2주 후부터 불면과 두통, 식욕 저하 등의 신체 증상과 함께 불안 증상이 나타났고 과연 직장에 계속 다닐 수 있을까 하는 걱정이 시작되었다고 하였다.

뭐든 잘해야 한다는 부담감이 건강한 자극과 발전을 넘어 몸과 마음을 힘들게 만드는 상황이 오기도 한다. '성실'을 매우 중요한 덕목으로 꼽는 우리 문화에서는, 자신의 부족함을 극복하기 위해 학업과 취업, 직장 생활, 사업 등의 일과뿐 아니라 집에서도 쉼보다 '자기계발' 등으로 계속해서 도전하고 달려야 한다는 부담감 속에 살게 된다.

무한 경쟁의 사회에서 조금이라도 뒤처졌을 때나 SNS를 통해 끊임없이 남들과 비교할 때 받는 상대적 소외감과 박탈감은 극에 달한다. 경쟁에 뒤처지지 않으려 더 완벽주의적이고 성취지향적인 사람으로 변모해야 한다는 부담감도 커진다. 도시의 현대인들은 점점 더 많은 스트레스 상황에 스스로를 몰아넣고 있다.

도시화의 다른 어두운 문제는 범죄에 대한 불안과 공포다. 낯선 사람들이 모인 공간에서 살아가는 우리는 매일 마주하는 이웃이 이상한 사람인지, 좋은 사람인지 전혀 알 수 없다. 뉴스를 통해 각종 범죄 소식을 접하게 되고, 일상의 스트레스가 높아질수록 타인에 대한 공격성도 증가하는 듯한 모습을 우리는 매일 마주하며 살아간다.

반면에 도시화로 젊은 세대가 떠난 농촌이나 지방 소도시는 인구수가 줄다 보니 집들 간에 거리가 멀어지는 경우가 많고, 특히 인지력과 체력이 저하된 노인층이 다수다. 지방에 거주하는 노인들의 불안과 공포의 주제 중 하나가 자신이 범죄의 표적이 될 수 있다는 것이다. 실제 뉴스에서도 그러한 범죄 사건을 적지 않게 접하게 된다.

도시화는 우리에게 새롭고 편리한 삶을 가져다 주었지만, 여러 가지 측면에서 불안의 원인이 되기도 한다. 외적으로 주어진 불안을 일상처럼 안고 사는 사람과, 외적 불안에 더해 내적 불안까지 안은 채 더 힘겹게 사는 사람들도 생겨나는 것이다.

# 스트레스공화국의
# 불안장애 환자들

전하다가 갑자기 극심한 불안과 함께 가슴 통증과 어지러움을 느껴 곧바로 응급실에 갔지만 아무 이상이 없다는 진단을 받은 한 중년의 남성이 있었다. 이상이 없다고 했지만 증상은 이후에도 반복되었다. 더는 운전을 하는 것조차 두려워 지하철로 출퇴근하기 시작했는데, 어지럽고 쓰러질 것 같은 공포심과 죽을 것 같은 두려움이 몰려와 몇 번이고 병원을 찾아 검사를 받았다. 하지만 매번 혈압이 조금 높은 것 외에 이상이 없다는 결과를 받았다. 병명이 안 나오는데 증상은 이어지자 그를 검사한 의사는 정신건강의학과를 내원하라고 권고했고, 그는 이후부터 정신건강의학과를 통해 진료받기 시작했다.

그의 삶은 긴장의 연속이었다. 야근과 회식이 반복되었고, 1년

전 승진한 이후로는 긴장도가 더욱 올라가 늘 예민한 상태였다. 아내와 자녀와의 사이도 멀어져 그는 자신의 마음을 털어놓을 사람도, 쉴 공간도 없는 느낌이었다고 한다. 잦은 가정불화와 직장에서의 압박으로 숙면이 어려웠고, 매일 쌓이는 피로는 커피 서너 잔과 술, 담배로 해소하고 있었다. 그러다 6개월 전부터 원인 모를 증상이 시작되었다. 그는 처음으로 자신의 마음을 돌아보지 않으면 몸이 아플 수 있다는 것을 인정했다. 삶의 속도를 조절해야 한다는 것을 몸으로 깨달은 것이다.

쉼 없이 달리고, 더 완벽해지고, 더 성장해야 한다는 압박감이 우리에게 꽤 오래 이어져 왔다. 20세기는 대한민국 격변의 시기였다. 전쟁으로 붕괴되었던 대한민국이 급격한 발전을 이루었고 21세기에 들어서면서 국민소득 3만 불 시대를 열었다. 성실하게 앞만 보고 달려 얻은 화려한 성과다.

명암도 분명하다. 빈부의 격차, 도시화에 따른 지역 소외, 부동산 정책 실패 등 많은 사회 문제가 심각한 스트레스를 주었다. '재난공화국'이라 할 정도로 매일 수많은 사건 사고에 노출될 뿐더러, 마음 건강에도 취약해 자살률이 OECD 국가 중 1위, 세계에서도 3위 안에 드는 '자살공화국'이라는 오명도 가지고 있다.

스트레스는 마음의 문제이기에 겉으로 드러나지 않을 것 같지만, 성별은 물론 나이, 직업에 따라 다양한 모습으로 나타난다. 스트레스가 없을 수는 없지만, 모든 스트레스를 다 참고 인내하는 것이 정답은 아니다. 스트레스는 단계별로 인간의 몸과 마음에 부정적으로 작용한다.

스트레스의 1단계는 경고 단계다. 경고의 신호들이 알람alarm처럼 나타난다. 몸과 마음이 예전과 같지 않다는 느낌이 든다. 뭔지 모르지만 불편하다. 경고 신호는 개인마다 다른데, 비교적 짧게 지나가고 2단계로 쉽게 넘어가는 편이다.

스트레스의 2단계는 증상 단계다. 몸과 마음이 스트레스에 대응하고자 반응하는 단계다. 대표적인 증상이 불안해지는 것이다. 불면, 두통, 소화불량 등의 신체 증상도 나타난다. 초조나 우울감, 음주량과 횟수 증가, 흡연 증가 등 정신 및 행동 증상도 나타난다. 2단계에서는 증상만 잘 치료해도 조절될 가능성이 크다. 스트레스가 줄거나 사라지면 증상도 서서히 사라진다.

스트레스의 3단계는 질병 단계다. 스트레스가 너무 심하거나 오래 이어지면 각종 질병이 발병한다. 신체질환은 물론 정신질환이 발병할 수 있는데, 대표적인 것이 공황장애와 같은 불안장애다.

우리나라에서 5년마다 시행하는 정신질환 통계에 따르면, 평생 유병률의 경우 알코올 사용장애가 1위이고, 불안장애가 2위다. 그런데 최근 1년의 유병률만 보면 불안장애가 가장 많다.

불안장애의 평생유병률은 2006년 6.9%, 2011년 8.7%에서 2016년 9.5%로 계속 증가하는 추세다. 반면 알코올 사용장애는 2006년 16.2%, 2011년 14%, 2016년 12.2%로 감소하는 추세다. 1년간 유병률로만 보면 불안장애가 5.7%로 가장 높고, 다음이 알코올 사용장애 3.5%, 니코틴 사용장애 2.5%, 우울증 등의 기분장애가 1.9% 순이다. 지난 1년간 우리나라 국민이 가지고 있던 정신질환 중 불안장애가 가장 많았다는 의미다. 스트레스가 많은 한국 사회에서 이를 소화시키지 못해 1단계, 2단계를 넘어 3단계로 진행되고, 특히 불안장애가 있는 사람이 느는 것이다.

우울증으로 진료받은 환자 수가 24만 6,000여 명인데, 기타 불안장애로 진료받은 환자 수는 25만 9,000여 명으로 수천 명이 더 많다. 진료비도 860억 원이 넘는다. 공포성 불안장애 환자들의 진료비까지 포함하면 국민건강보험공단에서 1,000억 원이 넘는 돈이 불안을 치료하는 데 쓰이는 것이다. 이는 국민건강보험 통계 자료이기 때문에 다른 공존 질환과 같이 진단된 경우는 제외되어 있다. 따라서 실제로는 더 많은 환자가 불안장애로 진료받고 있고 더 많은 진료비가 사용되고 있을 것이다.

이것이 스트레스공화국에서 살아가며 불안장애를 갖게 된 사람들에 대한 통계적 증거다.

# 불안이 만들어 내는 산업들

인간의 다양한 불안을 잠재우기 위해, 예측 불가능한 미래에 대비하기 위해 우리는 다양한 산업을 이용하고 있다. 불안을 해소하고 싶은 마음과 이를 통해 돈을 벌겠다는 두 가지 이해가 만나 새로운 산업이 생겨나고 점차 발전하고 있는 모습이다.

보험 산업이 대표적이다. 지금 우리가 알고 있는 현대적인 의미의 보험이 만들어진 역사는 그리 길지 않다. 아마 그전에는 먹고 살기 급급해서 미래를 대비한다는 의식이 크지 않았을 것이다. 그러나 현대의 산업사회에 들어서면서 미래에 대한 준비가 필요하다고 직시하게 되었고, 보험이라는 일종의 위험대비책을 만들었다. 예전처럼 이웃의 도움을 구하기 어려워졌고, 미래에 대한 불안은 더욱 커져 보험이라는 새로운 산업이 일어난 것이다.

자동차보험은 자동차가 주요 교통수단이 되면서 예측 불가능한 각종 사고에 대한 불안에서 나왔다. 암보험은 암진단이 늘면서 자신도 암에 걸릴 수 있고, 치료를 위한 자금을 준비해야 한다는 불안에서 나왔다. 손해보험은 대형화재로 건물이 불타고 재산을 잃은 사례가 있은 후 이후에 겪을지 모를 재앙에 대비하기 위해 시작되었다. 미래에 대한 불안함이 다양한 형태의 보험을 만들어 낸 것이다. 주변을 보면 암보험과 각종 건강보험을 여러 개 가입한 사람이 부지기수다. 각종 보험이 어떠한 보장을 하는지도 잘 모르면서 매월 꽤 많은 금액을 송금한다.

각종 보안 및 경호업체도 불안에서 비롯된 산업이다. 많은 회사나 가정에서 보안업체를 고용한다. 중요한 물건이 다수 보관된 회사나 공장은 이전에는 경비원을 고용하여 자산을 지켰지만 이제는 보안 전문업체에 맡기는 경우가 많다. 가정에서도 귀중품을 도난당하거나 위험한 일을 낭할까 봐 불안하여, 특히 한 번이라도 도둑을 맞은 경우 경비업체와 계약하여 각종 보안장치를 설치하고 정기적으로 점검을 받는다. 개인의 경우 과거에는 정치인이나 연예인 등 유명인들이 주로 경호를 받았지만, 이제는 일반인들도 스토킹이나 폭행과 같은 위험으로부터 자신을 보호하기 위해 경호업체를 찾는다. 대학에 경호학과, 경호보안학과가 생기는 등 경호 산업은 점점 그 규모가 커지고 있다.

이처럼 사회의 변화에 따라 불안을 유발하는 각종 상황이 새롭게 나타나고, 이에 대응하기 위하여 각종 산업이 만들어진다. 선행학습도 마찬가지다. 학원에서는 아주 어릴 때부터 선행학습을 시킬 것을 권한다. 초등학생에게 《수학의 정석》 등 고등학생 교재로 공부하게 하는 것이다. 대학 입시는 한국 사회에서 매우 중요한 관심사다. 자녀가 상위권 대학과 학과에 들어가야 성공한다고 생각하는 부모들의 불안을 건드린 선행학습이라는 새로운 학습 방법이 필수처럼 자리잡았다. 미리 준비하면 그만큼 완벽해진다는 착각을 만든 것이다. 그래서 우리의 어린 자녀들은 어려서부터 큰 가방에 책을 가득 담은 채 선행하러 학원에 간다.

물론 아이들도 자신의 미래에 불안을 느낄 수 있다. 그런 아이들은 자발적으로 선행학습에 참여할 것이다. 그러나 일반적으로 초등학생 정도의 아이들은 그렇게 미리부터 자신의 대학 입시를 불안해하지 않는다. 불안이 높은 부모, 불안이 높은 아이들이 선행학습에 매달릴 가능성이 크다고 본다. 선행학습뿐 아니라 많은 학원이나 과외 교사가 새로운 수업 방식을 개발하고 연초가 되면 입시 설명회 등을 열어 불안이 높은 학생과 부모들을 유혹한다.

어느 정도의 불안은 공부를 적극적으로 수행하게 하고 좋은 성적을 얻는 데 도움을 줄 수 있다. 그러나 지나친 불안은 그 자체가 수행 능력을 떨어뜨린다(Chap 5 〈불안한 사람들의 그릇된 생각, 인지왜곡〉

참조). 선행학습이 지나치면 아이들의 집중력과 에너지가 일찍 소진되어 공부에 전념하기 더 어려워질 수도 있다. 학생과 부모의 불안을 과도하게 유발하고 이를 악용한 불필요한 수업이나 특강은 지양되어야 한다.

불안이 낳은 또 다른 산업은 종합건강검진이다. 대형병원은 물론 중·소형병원들도 건강검진센터를 만든다. 그 결과 수많은 사람이 1년이나 2년에 한 번씩 종합건강검진을 받는다. 회사에서 이를 복지 혜택으로 제공하는 경우도 많다. 국가에서도 정기 검진을 지원한다. 건강이 무엇보다 중요하기에, 문제가 커지기 전 일찍 발견하고 예방하자는 취지다.

그러나 불안이 심한 사람들은 1년이나 2년에 한 번 받는 건강검진을 기다리지 못한다. 몇 달만 지나도 몸에 이상이 보이면 바로 건강검진을 받고자 한다. 매우 고가의 검신도 마다하지 않는데, 이는 분명 많은 병원의 안정된 수입이 된다. 실제로 현재의 건강보험 체제에서는 진료 수입보다 검진 수입이 더 많은 병원이 부지기수다. 그래서 진료보다는 건강검진센터에 더 투자하려는 병원도 적지 않다.

물론 정기적으로 종합검사를 받는 것에는 건강 상태를 확인하고 숨어 있는 병을 발견하여 조기 치료의 효과를 얻는 순기능이 크다. 그러나 지나치게 잦은 검사는 오히려 건강에 해로울 수 있다. 몸에 이상이 있다면 의사의 안내에 따라 일정 시기에 맞추어 필요한 검사를 받는 것이 더 효과적이다.

　건강보조식품 및 영양제 산업도 건강에 대한 불안이 높은 사람을 겨냥한 산업 중 하나다. 진료실에서도 어떤 영양제를 먹어야 하는지에 대한 질문을 자주 받는다. TV나 라디오의 채널을 돌리다 보면 나에게 꼭 필요한 것 같은 건강식품이나 영양제 정보가 쏟아진다. 물론 내 몸의 취약한 부분에 대해 건강식품이나 영양제의 도움을 받을 수 있다. 그러나 분명한 것은, 전문가의 조언을 듣고 자신에게 맞는 것을 골라 적정한 양만 복용해야 한다. 아무리 좋은 식품이나 영양제라도 부작용이 있을 수 있고, 그 성분이 추가로 필요한 사람과 그렇지 않은 사람이 있기 때문이다.

　안타깝게도 많은 사람이 광고나 TV, 신문, 잡지, 최근에는 SNS나 유튜브를 통해 들은 정보만 가지고 건강보조식품이나 영양제를 구입한다. 건강에 대한 지나친 불안이 낳은 결과다. 그 결과 국산 건강식품 및 영양제는 이미 수천 종류가 넘고 이들 판매액은 연간 수조 원에 달한다.

　코로나 사태로 건강에 대한 관심이 폭발적으로 늘면서 건강보조식품을 복용하는 가구가 2020년 기준으로 1년 전보다 10% 증가해 전체 가구의 79.9%에 달한다. 10가구 중 8가구에서 건강식품을 복용한다고 하니, 복용하지 않는 경우가 이상할 정도다. 심지어 끼니를 거르더라도 건강식품이나 영양제는 챙겨 먹는다고 한다. 해외 직구까지 포함한다면 건강식품과 영양제 산업은 건강 불안이 낳은 최대 수혜의 산업일 것이다.

# 재난과 사고로 인한 불안

" 늘도 무사히."

이런 문구와 함께, 무릎을 꿇고 앉아 두 손을 모으고 기도하는 소녀의 그림을 본 적이 있을 것이다. 꽤 많은 장소에서 흔히 볼 수 있던 그림이었다. 사고가 잦은 세상에 살면서 오늘 하루를 무사히 지나기 바라는 마음이 간곡히 기도하는 소녀 그림을 통해 투영된 것이라 생각하니 애처롭다.

사회의 다양한 노력으로 재난 및 사고가 많이 줄었고, 이 그림이 걸린 곳들도 많이 사라졌다. 그러나 아쉽게도 여전히 1년에 수십만 건의 사고가 우리나라에서 발생한다. 뉴스의 단골 소식은 여전히 각종 사고다. 하루에도 여러 건의 사고와 사망 소식이 전해진다.

그중 도로교통사고는 1년에 20만 건이 넘고, 부상자는 30만 명, 사망자 수는 3,000명이 넘는다. 물론 교통사고 사망자 수는 각 계각층의 노력으로 지난 10년간 약 3분의 1로 감소하였다. 그러나 2020년 기준으로 사고 건수는 하루 약 572.8건, 부상자 수는 836.6명이다(교통사고분석시스템 참고). 도로 곳곳에는 그날의 교통사고 건수와 사망자 수를 보여주는 표지판이 붙어 있다. 교통사고에 대한 경각심을 갖게 하기 위함이다.

운전자는 불안감을 가져야 한다. 그래야 조심해서 운전하게 된다. 운전면허 취득 후 첫 1년보다, 1년이 지난 시점에 가장 사고가 많이 난다고 한다. 초보 운전자일 때에는 더 조심해서 안전운전을 하려 하지만, 1년이 지나 어느 정도 자신감이 생기면 덜 주의하게 되고, 그 결과 사고가 증가한다는 것이다. 교통사고는 그 결과만으로도 불안 및 불안장애의 원인이 된다. 작은 사고라도 경험하게 되면 이후 운전하기가 두려워져 운진에 대한 공포심이 생기기도 하고, 사고 충격이 심한 경우 외상 후 스트레스 장애가 되기도 한다.

산업재해도 매우 흔하다. 특히 위험한 산업 현장의 관리 부실로 아까운 생명이 계속 목숨을 잃고 있다. 사고로 크게 다치는 경우 급성 스트레스 장애는 물론 외상 후 스트레스 장애가 나타날 수 있다. 사고로 인한 불안으로 각종 정신 증상이 나타나기 쉽다. 이 경우 현장에서 일하는 본인은 물론 가족들도 하루하루가 가시방석이다. '오늘도 무사히'를 매일 되뇌며 불안해할 것이다. 산업재해는 미리 예방할 수 있는 경우가 많다고 알려져 더욱 안타깝다.

그 외에 철도 사고, 산불 및 건물 화재사고, 붕괴, 감전사고, 추락사고, 익사사고 등도 매년 각각 수백 건 이상 발생하고, 태풍이나 수해 등 자연재해도 계절마다 반복된다. 이러한 재난과 사고 소식은 우리의 불안을 유발한다. 물론 이러한 불안에는 재난을 대비하게 만드는 긍정적인 측면도 있다. 그러나 대비했음에도 사고나 재해가 반복되어 나타나면 사람들은 그 사실에 압도되고, 더 이상 긍정적이지 못한 병적인 불안감을 갖게 된다. 학습된 불안, 즉 불안이 반복되면서 학습되는 것이다. 이것이 병적 불안으로 발전되면 오랫동안 힘겨운 싸움을 이어가게 된다.

# 누구나 가지고 있는
# 죽음에 대한 불안

사람들이 가장 두려워하는 것은 대중연설이라는 보고도 있지만, 실제 사람들이 가장 불안해하는 심각한 주제는 죽음이다. 불안이 '불확실성'에서 비롯된다고 볼 때, 죽음은 두려울 수밖에 없는 주제다. 아무도 경험해 본 적 없지만 누구나 맞게 되는 죽음에 대해 우리는 불안을 넘어 두려움, 공포심까지 갖기도 한다.

에드워드 뭉크의 명작 〈절규〉는 그가 직접 경험한 공황발작의 순간을 묘사한 것이라는 주장이 있다. 실제로 뭉크는 우울증과 공황발작을 경험한 것으로 알려져 있는데, 작품 속 주인공의 표정과 일그러진 배경을 통해 발작으로까지 진행된 불안의 모습이 얼마나 괴로운지 짐작하게 한다.

공황장애가 있는 이들은 공포발작의 증상으로 인해 '죽을 것 같다'는 두려움을 호소한다. 어지럽거나 두통이 오면 뇌졸중의 신호일 것이라 여기거나, 가슴 통증은 심장마비, 호흡곤란은 심장병이나 폐질환이라 생각하고, 이러한 생각이 떠오른 순간부터 증폭되어 몇 분 만에 불안이 최고조를 이룬다. 즉, 공황장애가 있는 이들의 가장 큰 공포가 죽음인 것이다. 그래서 이들은 응급실을 찾아 자신의 신체 증상을 호소한다. 공황장애를 가진 이들에게 꼭 전하는 말이자 가장 큰 도움이 되는 말이 '공황장애로 죽지 않는다'이다.

인간은 왜 죽음을 두려워할까? 자신의 죽음이든 다른 사람의 죽음이든, 인간은 죽음에 대한 두려움을 가지고 있다. 캘리포니아 주립대학교 정신과 교수인 패티슨Pattison은 죽음에 대한 두려움을 여덟 가지로 구분하였다.

첫째는 미지의 사후세계에 대한 두려움이다. 죽음 이후의 사후세계를 전혀 알 수 없는 데서 오는 두려움이다. 둘째는 고독에 대한 두려움이다. 죽음은 개인의 일이기에 죽음 이후 혼자가 되는 것에 대한 고독감을 두려워한다. 셋째는 가족과 친지를 잃게 되는 두려움이다. 넷째는 신체가 소멸되거나 부패되는 것에 대한 두려움이다. 다섯째는 죽음을 앞두고 자기 지배능력, 자제력이 상실

되는 것에 대한 두려움이다. 여섯째는 죽음을 맞기까지 겪게 되는 고통에 대한 두려움이다. 일곱째는 주체성 상실에 대한 두려움이다. 여덟째는 퇴행에 대한 두려움이다. 이처럼 아주 다양한 이유로 인간은 죽음을 두려워한다.

인간은 누구나 언젠가는 죽는다. 그래서 죽음에 대한 불안은 인간의 숙명과 같은 것일지도 모른다. 인간이 건강하거나 젊을 때는 죽음에 대해 생각하지 않는다. 몸이 아프거나 가까운 사람의 질병 또는 죽음을 보거나 들었을 때, 심각한 스트레스 상황에 놓였을 때 사람들은 자신의 죽음을 생각하게 된다.

한 60대 여성은 오랜 친구가 심장마비로 급사하였다는 소식을 듣고 매우 큰 충격을 받게 된다. 운동을 거의 하지 않던 그녀는 이후 운동 등으로 체력을 관리하고자 했다. 건강을 위해 이런저런 노력을 더했지만, 갑자기 기력이 빠지거나 식은땀이 나고 안절부절못하게 되는, 전에 없던 불안 증세가 생겼다. 친구의 갑삭스러운 죽음으로 큰 스트레스를 받았고, 극복하고자 노력했지만 자신도 언제 죽을지 모른다는 불안감으로 건강에 집착하게 되었고, 계속해서 커지는 불안감을 다스리지 못해 생긴 증상이었다.

죽음은 종교나 철학의 주제이기도 하다. 어쩌면 종교나 철학의 시작이 죽음과 같은 원초적인 불안을 다루기 위해 존재하는 것일 수도 있다. 그래서 많은 사람이 죽음을 떠올릴 만한 상황을 마주하고 난 뒤 종교에 관심을 가지거나 신앙을 갖기도 한다.

불교, 유교, 기독교라는 종교적 관점에서 죽음은 각각 윤회사상, 훌륭한 자손으로 인한 유전적 내림, 영생 등을 통해 죽음과 삶을 별개로 보지 않는다. 이를 통해 죽음에 대한 공포를 극복하고 의연하게 받아들일 수 있는 길들을 제시하는 것이다. 죽음학도 죽음을 불안과 공포의 대상이 아니라 삶의 한 과정으로 보고 의연하게 대처하기를 교육한다.

죽음은 아무도 모른다. 죽음을 경험해 본 사람은 없기 때문이다. 그리고 우리는 모두 언젠가 죽는다. 따라서 우리가 모르는 미래를 미리 걱정하며 지내는 것은 무의미하고 안타까운 일이다. 오늘, 지금의 삶에 집중하며 현재를 살아가다 보면 언젠가는 그 과정으로 죽음이 찾아올 것이고, 그 이후는 그 다음에 걱정할 일이다.


감사가 죽음에 대한 불안을 줄여준다는 연구가 있다. 로산느와 그의 연구팀이 홍콩에 거주하는 55세부터 85세 사이의 중국계 노인(평균연령 62.7세) 78명을 대상으로 진행한 연구다. 이들을 세 집단으로 나누어 첫 번째 집단은 감사한 일을, 두 번째 집단은 귀찮고 화가 나는 일을, 세 번째 집단은 중립적인 사건에 대해 10~15분 동안 5개 정도를 글로 적게 하였다. 이후 이들에 대한 긍정적 정서와 부정적 정서를 측정하고, 죽음과 관련한 불안 정서에 대해서도 측정하였다. 그 결과 감사를 기록한 첫 번째 집단이 죽음에 대한 불안도가 가장 낮고, 긍정적 정서는 가장 높으며, 부정적 정서는 가장 낮았다. 짧은 시간 동안 감사와 관련한 일을 떠올리고 적는 것만으로도 정서를 안정시키고 불안을 낮추는 효과가 있는 것이다.

전 세계적인 전염병뿐 아니라 불치의 병을 가진 사람들이 느끼는 공포도 마찬가지다. 이런 상황에서 로산느 박사팀의 연구 결과는 참고할 만한 대안이 된다. 지금 나의 일, 인간관계, 취미, 운동에 집중하고, 매일 감사한 일들을 꼽아보는 것이 죽음에 대한 불안에서 벗어나는 데 큰 도움이 될 것이다.

# 초고령화 사회,
# 늙고 오래 사는 것에 대한 불안

의학 및 공중위생이 발달하면서 인간의 평균 수명은 80세를 넘어선 지 오래다. 평균 수명 100세 시대를 말하는 학자들도 많다. 인간은 나이가 들수록 정신이나 신체가 노화된다. 오래 살지만 정신과 신체가 쇠약해지는 데서 오는 불안도 커졌다. 인간의 숙원이었던 장수가, 오히려 누군가에게는 불안의 이유가 되는 것이다. 아사히신문 경제부에서 펴낸《노인 지옥》이라는 책이나 영화 〈더 파더〉, 〈아무르〉 등은 현대 사회가 노인의 생활에 대해 얼마나 부정적인 시선을 가지고 있는가를 단적으로 보여 준다.

　노화 및 장수가 불안한 이유로 많은 사람이 돈을 꼽는다. OECD 국가 중 노인빈곤율이 1위인 우리나라는 노후의 건강은 물론 노화로 인한 비용을 대비하지 못한 채 맞는 노년의 삶에 대해 불안해하기 쉽다. 오래 살아 무엇하냐는 말이 절로 나온다는 것이다. 여기에 더해 보험, 연금 전문가들도 하루가 멀다 하고 매체를 통해 노후의 재정 문제를 지적한다. '노후에 드는 비용이 만만치 않은데 당신은 노후 자금을 얼마나 마련해 놓았는가?' 이러한 질문을 통해 노화 및 장수에 대한 불안을 자극하는 것이다.

신체의 노화에 따르는 불편함을 보완하며 살아가려면 어느 정도 재정 문제에 대비해야 한다. 노인 장기요양보험도 노화에 따르는 각종 질병에 대비하여 만들어진 대표적 건강보험제도다. 그러나 지나친 불안은 오히려 마음 건강을 해친다.

노화 및 장수가 불안한 이유에는 건강도 있다. 청력 및 시력이 감퇴하는 것은 물론이고, 인지 기능도 저하되면서 원치 않는 변화에 적응해야 한다. 노화를 지연시키고 건강을 유지할 수 있는 과학적 빙법들이 꾸준히 연구되고 있다. 줄기세포 치료를 비롯한 치료법 발달은 물론 신경가소성 연구결과를 바탕으로 한 인지 기능 유지법 등 다양한 치료 및 건강 유지 방법이 제시되고 있다. 그러나 결국 노화를 늦출 뿐 막을 수는 없다. 조금 더 여유 있는 마음으로 내 몸의 나이듦을 받아들이려는 자세가 우리에게 필요하다.

최신의 연구들을 보면 노화 및 장수에 대한 수많은 오해와 편견을 넘어 어떻게 대비하고 적응하느냐에 따라 정신적으로나 신체적으로 젊음을 유지하며 장수할 수 있음을 보고한다. 따라서 아직 오지 않은 미래의 노화에 대한 부정적 결과로 불안해하기보다 지금 내가 할 수 있는 건강을 위한 생활을 실천하는 것이 현명하다.

# 전 국민 정신건강검진을
# 받아야 하는 이유

우리나라는 전 국민을 대상으로 생애 주기별 건강검진을 실시한다. 최근에는 건강검진 시 작성하는 문진 항목에 우울증 등 일부 정신건강 항목이 추가되었다. 정신건강 검진에 대한 관심이 정부와 사회로까지 넓혀진 것은 매우 다행한 일이다. 현재 우리나라는 심각한 자실률을 보이고 있고, 지살자의 80~90%가 정신질환이 있다는 보고가 있는 만큼, 우울증 선별검사를 통해 조기 치료를 유도하여 자살을 예방한다는 취지에서 이는 긍정적인 면이 있다.

외국에서도 우울증이나 불안장애 선별검사를 시행한다. 미국 불안장애학회는 매년 5월 전국적으로 불안장애 선별의 날을 시행하는데, 이날에는 학회 회원인 정신건강의학과 의사들이 각종 불안장애 관련 영상과 강의를 통해 해당 정보를 바르게 알리고, 직접 선별검사를 시행하고 문제가 있는 경우 개인 면담을 실시한다.

우울증에 대한 진단이 늦어지면 야기되는 사회적 문제가 심각하다는 인식하에 우울증 조기발견을 위한 선별검사를 시행하는 외국의 사례는 많다. 정확한 진단과 적절한 추적 치료 등의 제도가 체계적으로 갖추어진 경우, 선별검사는 효과적이라고 평가된다. 우리나라도 정신건강의 날 행사에서 선별검사를 시행하고, 필요시 개인 의원이나 병원으로 치료를 연계하기도 한다.

우울증 선별검사의 의의는 단순히 우울증을 조기 발견한다는 것뿐만이 아니다. 제대로 진단받아 적정 치료를 받도록 안내하는 것 외에, 치료를 받지 않거나 부적절한 치료를 받고 있는 경우를 발견하여 경증의 환자가 중증으로 발전하는 것을 예방하는 효과도 있다. 아울러 정신건강 문제에 대한 사회적 인식의 변화를 유도할 수 있고, 정신건강 문제가 질병으로 커졌을 때 미치는 사회·경제적 피해를 최소화하고, 심각한 사회 문제인 자살률을 낮추는데 일조할 것이라는 기대감도 있다.


하지만 현재 우리나라에서 실시하는 선별검사에 대한 우려가 있다. 우울증, 불안장애 선별검사를 거부하거나, 솔직하게 답변하지 않아 제대로 된 검사가 이루어지지 않을 가능성이 높다는 것이다. 또한 가벼운 경증 우울증이나 불안장애 위험도가 높은 경우 치료를 받도록 개입할 수 있는지 여부와, 검사시 충분한 시간과 효과적인 검사 도구가 사용되지 않아 검사 효과가 떨어진다는 회의적인 시각도 있다.

우울증이나 불안장애 선별검사를 하려면 사후조치가 계획된 프로그램이 필요하다. 문제를 발견했는데 치료받을 방안이 없다면, 사회적 문제만 확인하고 실제 효과는 거둘 수 없기 때문이다. 대한불안의학회가 시행하는 불안장애 선별검사는 그런 의미에서 이루어진 결과물이다.

암과 같은 신체질환처럼 정신건강 문제도 누구에게나 나타날 수 있고 치료받으면 회복될 수 있다는 사회적 인식이 자리잡는다면, 누구든 정신건강 문제가 있을 때 고민이나 편견 없이 치료받는 문화가 만들어질 것이다. 무엇보다 병이 악화되기 전에 조기에 치료받으면, 어떤 질환이든 그렇지만 예후가 좋다.

# [나의 불안도 체크하기]

1. 대부분의 사람이 그렇게 느끼지 않는 상황에서 갑자기 불안하거나, 놀라거나, 불편한 느낌이나 발작이 1회 이상 있고, 이러한 발작 증상이 10분 이내에 최고조에 달했습니까?

2. 불안이 올 것 같은 장소나 상황에서, 또는 도움을 받을 수 없거나 도피가 어려운 상황이나 장소에서 불안해지거나 불편했던 적이 있습니까?

3. 지난 1개월간, 누가 당신을 보고 있거나 당신에게 관심이 집중될 때 두렵거나 당황하거나, 혹은 창피를 당할 것 같아 두려웠던 적이 있습니까?

4. 지난 1개월간, 특정 대상에 대하여 지나치게 두려워한 적이 있습니까?(예: 비행기 타기, 운전, 높은 곳, 폭풍우, 동물, 곤충, 피, 주삿바늘 등)

5. 몇 가지 일에 대해 과도하게 걱정하거나 불안한 마음이 지난 6개월 동안 대부분 이어져 왔습니까?

6. 지난 1개월간, 혐오스럽고 부적절한 사고, 충동, 이미지 등이 원하지 않는데도 머릿속에서 반복되고 지속되어 괴로워한 적이 있습니까?

위의 질문 중에 하나 이상에 예라고 답하고, 이로 인하여 정상적인 일이나 사회적인 기능을 못 하게 되거나 혹은 현저한 고통을 받는 경우 전문가의 상담을 받는 것이 필요하다.

※위의 설문지는 불안한 환자를 선별하기 위한 MINI(Mini International Neuropsychiatric Interview)라는 국제 신경정신분석도구의 항목 중 각각의 불안장애의 대표적인 증상을 물어보는 질문만 선택한 것으로 불안장애의 진단 가능성을 찾아내기 위한 질문이다.

> **"**
>
> 인간의 회복력은 변화할 수 있고
> 이에 따라 인생도 변화할 수 있다.
> 회복력을 기르려면
> 정확한 사고의 흐름을 만드는 것이 중요하다.
> 신경망 흐름을 긍정적 회로로 만들 것인가,
> 부정적 회로로 만들 것인가?
>
> **"**

# 어떤 불안은
# 병이 됩니다

# CHAPTER 2

# 불안, 정상적인 것과
# 병적인 것

불안은 병일까? 평온하지 않은 마음가짐은 모두 건강하지 않은 것일까? 불안은 스트레스 상황에서 인간에게 가장 빠르고 흔하게 나타나는 심리 반응이다. 위기 상황을 감지한 뇌가 생존을 위해 보내는 신호인 것이다. 불안은 심리적인 증상이지만 각종 신체 증상을 동반한다. 많은 사람이 불안한 상황에서 땀이 나고 가슴이 두근거리고 숨이 가빠지는 것을 경험한다. 또한 불안의 원인이 뚜렷한 경우도 있지만 때로는 뚜렷한 원인 없이 나타나기도 한다. 그렇다면 정상 불안과 병적 불안을 구분하는 기준은 무엇일까?

불안을 느낄 만한 상황, 문제시되는 상황에서 불안함을 느끼는 것은 정상 불안이다. 그 상황에서 문제 해결이나 위기 극복을 위한 행동을 취하면서 어느 정도 불안감이 드는 것도 정상이다. 반대로 불안을 느낄 만한 상황이 아닌데 불안함을 느낀다면 병적 불안이다. 또한 불안을 느낄 만한 상황에서 불안감이 든다고 해도, 그 불안의 정도가 너무 심하거나, 상황이 종료된 후에도 일상생활을 하기 어려울 만큼 심각하다면 병적 불안이다.

예를 들어 중요한 시험을 앞두고 있거나 집에 도둑이 들었을 때 불안을 느끼는 것은 정상적인 불안이다. 그런데 시험이 끝났고, 도둑이 들었던 일이 과거의 일인데도 그때만큼 여전히 힘들고 잠들지 못하거나 각종 신체 증상으로 힘들어한다면 불안장애가 아닌지 의심해야 한다.

불안은 분명 정상적인 뇌의 반응이고, 인간의 생존과 발전을 위해 필요한 요소다. 동굴에서 살던 원시인들 중에서 세상에 대한 불안감으로 바깥의 소리에 집중하고 주의한 원시인들은 그렇지 않은 원시인들보다 더 오래 살아남았다. 어느 정도의 불안이 위기를 대비할 수 있게 만드는 것은 사실이다. 그러나 현대인은 정상 불안을 넘어 병적 불안을 일으킬 만한 각종 스트레스 환경에서 살아간다. 사고를 당할 위험이 커졌고, 과로나 불면, 소음과 같은 환경적 요인, 과도한 카페인이나 알코올과 같은 신경자극제의 남용과 흡연, 음주와 같은 생활습관으로 불안이 더 커졌다.

병적 불안이 심각해져 불안장애로 발전되는 경우, 크게 공황장애, 범불안장애, 사회불안장애 등의 양상을 보인다.

공황장애는 갑작스러운 공황발작이 일어나는 것이 특징이다. 공황발작은 죽을 것 같거나 미칠 것 같은 극심한 심리 불안으로 인해 두통, 메스꺼움, 어지러움, 호흡곤란 등의 신체 증상이 30분에서 1시간 정도 지속되다 사라지는 증상이다. 공황발작은 예고 없이 반복되어서, 이런 경험을 하게 되면 언제 발작이 일어날지 몰라 외출이 어렵고, 대중교통을 이용하기 두려워지는 광장공포가 동반되기도 한다.

범불안장애는 걱정과 긴장도가 항상 올라가 있어 두통이나 피로감, 근육 긴장, 불면 등의 각종 신체 증상을 자주 호소하는 것이 특징이다. 과도한 걱정에 사로잡혀서 이러한 신체 증상이 일어나는 것이지만, 스스로는 불안이 문제라고 자각하지 못한다. 오히려 그런 걱정을 하기 때문에 나쁜 일이 안 일어난다고 믿는 경향이 강하다. 마음의 문제라고 생각하지 않기 때문에, 각종 신체 증상을 치료받기 위해 정신건강의학과보다 내과나 다른 과를 찾는 경우가 많다.

사회불안장애는 대인공포증으로, 다양한 사회적 상황에서 어떤 일을 수행하는 것을 두려워하여 지속적으로 회피하려는 증상이다. 발표를 하거나 이성을 만나거나 타인과 식사하는 상황에서 자신이 어떻게 평가받을 것인가에 과민하게 반응하여 아예 상황 자체를 피하는 것이다. 대개는 자신이 내성적이라 그렇다고 생각하고 치료받아야 할 증상으로 인지하지 못하다가 만성화되는 경향이 많다.

어느 정도의 불안은 정상적이고 때로는 생존과 발전에 도움을 준다. 그러나 정도가 지나치고 불안을 느낄 상황이 아닌데도 불안의 정도가 높다면 한 번쯤 진단을 받을 필요가 있다. 우리나라 일반 인구의 약 15%가 평생 한 번 이상은 불안장애를 경험한다는 보고가 있다. 다만 불안장애에 대한 인식도가 낮아 치료받는 비율이 낮을 뿐이다. 정상 불안과 병적 불안을 구별하고, 불안이 심하면 치료받아야 한다는 것을 기억하면 더 건강한 일상을 보낼 수 있다.

# 노세보 효과가
# 증폭시키는 불안

호흡기 감염의 위험이 증가하면서 독감백신과 코로나백신을 맞는 사람이 많아졌다. 그런데 백신을 맞은 사람 중 열이 나고 근육통을 호소하는 등 부작용을 경험하는 사람이 상당하다. 이러한 부작용 사례 기사를 접한 사람들은 백신에 대한 두려움을 가지게 되고, 백신 접종을 주저하게 되기도 한다.

약물이나 주사 치료를 받으면 부작용이 나타날 것을 우려하는 사람일수록 실제로 더 많은 부작용을 경험하게 되는 현상을 '노세보 효과Nocebo Effect'라고 부른다. 이는 우리가 잘 아는 '플라세보 효과Placebo Effect'와 대칭되는 것인데, '위약 효과'라고도 부르는 플라세보 효과는 약이나 주사 치료를 받으면 호전될 것이라는 믿음을 가진 경우 가짜 약이나 주사를 맞아도 효과를 보는 것을 말한다.

'노세보'라는 말은 '나는 해를 입을 것이다'라는 라틴어에서 유래한 말이다. 노세보 효과를 처음 소개한 사람은 미국의 의사 월터 케네디로, 약효에 대한 불신이나 부작용 같은 부정적인 믿음이 실제로 부정적인 결과로 나타난다는 것이다. 즉, '나는 약이나 주사치료로 해를 입을 것'이라는 믿음에 의하여 이미 보고 들은 부작용들이 실제 자신의 몸에 나타나게 되는 것이다.

하버드 의과대학 신경정신과 의사인 아서 바스키는, 노세보 효과가 해롭다는 암시나 믿음에서 비롯되는 모호한 증상이라고 지적했다. 1981년 캘리포니아대학교에서는 이를 확인하기 위해 건강한 34명을 대상으로 연구한 바 있다. 연구팀은 피험자들에게 머리에 전극을 붙이고 전류가 뇌 기능에 미치는 영향을 연구하는 실험을 한다고 말한 뒤, 부작용으로 두통이 있을 수 있다는 주의사항을 전달했다. 실험을 마친 후 3분의 2 이상의 피험자가 심한 두통을 보고하였는데, 실제로는 아무에게도 전류를 흘려보내지 않은 상황이었다. 즉, 건강한 사람들조차 단지 부작용이 일어날 것을 예상만 해도 그 부작용을 경험하기 쉽다는 것을 보여 주었다.

노세보 효과는 확증편향과도 관련된다. 확증편향이란 뇌에서 보여 주는 편향 또는 편견이 사람의 믿음에 결정적인 영향을 미치고, 이를 통하여 자신의 편향과 편견이 점점 더 굳어지는 것을 말한다. 예를 들어 여성이 남성보다 주차를 잘하지 못한다는 편향을 가진 사람은 여성이 주차하다가 실수하는 장면을 더 많이 목격하고 이를 기억하게 되면서, 자신의 믿음이 더 굳건해진다.

약물이나 주사 치료를 받고 부작용을 경험한 사람들의 이야기나 뉴스에 깊은 관심을 가지고 여러 부정적인 뉴스에 주목한다면, 자신도 같은 치료를 받았을 때 부작용이 나타날 것이라 믿게 되고, 이것이 실제로 더 많은 부작용을 경험하게 만들 수 있다. 이는 인간의 신념 체계가 무엇에 주의를 기울이고 기억하느냐에 따라 편향이 더욱 공고해진다는 것을 분명하게 보여 준다.

불안한 사람일수록 부정적인 뉴스에 더 집중하고 여기서 얻은 정보를 더 잘 기억한다. 그래서 불안한 사람일수록 부정적인 편향을 가질 가능성이 높다. 예를 들어 백신을 맞고 부작용을 경험하지 않은 사람들의 소식은 잘 보지도 않고 기억하지도 않는다. 실제로는 대부분의 사람이 백신을 맞고 큰 이상이 없으며 작은 부작용이 있더라도 잘 극복하고 전염병으로부터 면역력을 얻게 된다. 그러나 불안함이 높은 사람은 인과관계를 따지기보다 부정적인 상황과 뉴스에만 더 집중하기 때문에 불안이 더욱 가중되어, 백신은 부작용이 많고 잘못되면 죽을지도 모른다는 식의 편향이 공고해지는 것이다.

많은 의사가 불안도가 높은 사람일수록 약물이나 주사제 부작용을 더 많이 경험한다고 보고한다. 이 또한 노세보 효과일 것이다. 올바른 처방을 받고 치료해도 의심을 품으면 치료 효과가 제대로 나타나지 않을 수 있다. 불안한 마음이 불안한 상황을 만들지 않도록 마음을 돌아보는 일이 중요하다.

# 불안의 다른 이름,
# 안전중독

OH일 보는 뉴스와 신문의 기사에는 각종 사고가 소개되고 안전의 중요함을 경고한다. 산업 현장에서는 안전에 대해 엄격한 기준을 세우고 지키는 것이 무엇보다 중요하며, 또한 안전에 대한 시민의식의 고취는 반드시 필요하다. 그런데 날마다 들려오는 각종 사고 소식이 불안을 높여 소위 안전중독을 만들기도 한다. 사회에 대한 부정적 편향이 안전에 대한 두려움을 극대화시키게 되고, 그 결과 안전에 맹신적으로 집착하는 소위 중독의 상태가 되는 것이다.

미국은 9·11테러를 겪은 직후 안전중독의 상태가 극대화되었다고 한다. 사상 초유의 비행기 납치 사고로 무고한 시민들이 희생된 이 사건은 많은 이에게 세상이 더는 안전하지 않다는 부정적인 편향을 만들었다. 이후 안전은 중요 이슈가 되었고, 개인이나 사회도 이에 극단적으로 집착하게 되었다고 본다.

안전에 집착하면 과연 우리는 안전하고 행복해질까? 안타깝게도 안전 중독은 알코올 중독이나 도박 중독처럼 인간의 뇌를 무력하게 만든다. 영화제작자이자 기업인으로 유명한 하워드 휴즈는 여러 차례 항공기 사고를 겪은 후 만년에 불안 증세가 나타난 것으로 알려졌다. 특히 오염공포가 매우 심하였던 것으로 알려졌는데, 세균이 무서워서 물건을 맨손으로 만지는 것을 극도로 꺼려 엄청난 양의 휴지와 소독한 손수건을 썼다고 한다. 그의 이야기는 영화 〈에비에이터〉로도 그려졌다.

흥미로운 보고가 있다. 골프에서 버디와 보기는 모두 같은 1점이 줄거나 늘어나는 경우다. 안전 중독이 심한 사람일수록 보기를 두려워하여 피한다고 한다. 보기를 하더라도 다음에 버디를 하여 만회하면 되는데, 보기를 범할까 봐 이에 대해 지나치게 긴장한다는 것이다. 유명한 프로 골퍼 타이거 우즈도 "한 타라도 놓치고 싶지 않은 겁니다"라고 말하며 한 타를 놓치는 보기와 한 타를 버는 버디 중에 전자를 더 중요하게 생각한다고 하였다. 보기할 기회와 버디할 기회를 어떻게 보느냐에 따라 퍼팅이 달라지는데, 안타깝게도 안전 지향적인 대다수의 골퍼는 그만큼 수입이 줄고 있다는 소리다.

위험성이 낮은 상황에서는 안전중독이 지나치게 소심한 대응으로 이어져 문제가 될 뿐 아니라 올바른 결정을 내리거나 일을 추진하는 데에도 결정적인 걸림돌이 될 수 있다.

안전중독이 문제가 되는 또 다른 대표적인 상황으로 주식 투자를 꼽기도 한다. 주식 투자를 할 때 투자자는 주가가 지속적으로 하락해 손실이 더 커지기 전에 매도해야 하는 상황임에도, 안전중독인 사람들은 현재까지의 손실을 감수하지 못해 매도하지 않는다. 적기에 어느 정도의 손실을 감수하고라도 정리한 후 새로운 투자로 만회해야 하지만, 조금이라도 손해 보지 않겠다는 심리가 결국은 더 큰 손해를 보게 한다는 것이다.

9·11테러가 일어난 뒤 1년 동안 미국에서는 비행기 여객이 감소하고 자동차 여행객이 증가했는데, 결과적으로 같은 기간에 자동차 사고로 1,600여 명이 더 사망했다고 한다. 즉, 안전중독에 사로잡혀 현명한 판단을 하지 못하는 경우, 여러 부분에서 뜻밖의 손실을 입을 수 있다.

## 불안을 만드는
## 행동억제 기질

기질이란 타고난 성격의 특성이나 면모를 말한다. 타고난 기질은 청소년기나 성인이 되어도 드러날 수 있는데, 특히 불안이나 긴장도가 높은 기질의 아이는 어른이 되어도 그런 특성을 보일 수 있다. 우리 뇌는 행동활성화 체계와 행동억제 체계가 조화를 이루는데, 행동활성화 체계는 호기심을 갖게 하는 무언가에 다가가게 만드는 뇌 체계를 말하고, 행동억제 체계는 위협이나 위험한 것과 같은 불안 요소로부터 피하도록 멈추게 하는 뇌 체계다. 일반적으로 행동억제 체계의 민감성이 높은 기질일수록 부정적 정서가 크다고 본다.

21개월 정도 된 어린아이들의 행동 특성에서 낯선 상황이나 새로운 자극을 회피하는 것을 보고 행동억제 기질이 있다고 본다.

행동억제 기질의 민감도가 높다면 이후 사회불안이나 특정공포
증 등 다수의 불안장애 위험 요인이 된다고 보기도 한다.

  가르시아 콜Garcia Coll이나 케이건Kagan과 같은 학자들에 따르
면, 행동억제 기질이 있는 아이들은 낯선 상황에서 도망가려 하거
나 쉽게 울고, 지나치게 소심하여 낯선 환경에서 얼어붙거나 엄마
와 같은 애착 대상에게 매달리는 행동을 보인다. 또한 말하는 데
도 시간이 걸리기 쉽고, 새로운 것을 탐색하는 행동이 부족할 수
있다. 가르시아 콜은 이들의 생물학적 특징도 발견했는데, 스트레
스 상황에서 타액(침) 내의 코르티솔 농도가 높고 심박수도 더 높
아진다. 코르티솔은 스트레스에 반응해 분비되는 스트레스 대항
호르몬이다.

  케이건은 이러한 기질이 있는 아이들이 낯설거나 도전적인 상
황에 마주했을 때 뇌의 감정 영역인 변연계와 시상하부의 반응성
의 역치(자극에 대해 어떤 반응을 일으키는 데 필요한 최소한의 자극 세기)가
낮다고 보았다. 그 결과, 낯설고 도전적인 상황에 대해 일반적인
아이들이 가볍게 지나는 반면, 행동억제 기질의 아이들은 몸이 굳
고(근육 긴장), 심장 반응이 증가하며, 동공이 확대되고, 코르티솔
분비가 증가한다. 뇌의 감정 영역에서 이를 스트레스로 인지하여
그에 대한 각종 신체 반응을 보이는 것이다.

행동억제 기질이 발견된 21개월의 아이들을 추적 관찰한 결과 7.5세가 되어서도 이들의 행동 중 4분의 3은 억제된 행동 기질을 그대로 보이고 있었다. 케이건이 시행한 10년간의 추적연구에서도 행동 특성이 유지되었다고 한다. 케이건은 대규모 역학 연구도 시행했는데, 행동억제 기질이 향후 각종 불안장애의 위험요인이 되었고, 특히 회피 행동이 특징인 사회불안장애 양상을 보인다고 보고했다.

로젠바움Rosenbaum은 소아기 때의 행동억제 특성이 소아기 불안장애는 물론 이후 연령에서도 불안장애의 발병률을 높인다고 보고하였으며, 행동억제 기질이 있는 아이들의 부모에게 적어도 두 개 이상의 불안장애 위험요인이 있음을 보고하였다.

흥미로운 것은 행동억제 특성을 보이는 아이들의 부모 중 약 10%가 사회불안장애를 가질 수 있는 양상을 나타낸 반면, 행동억제 특성을 보이지 않는 아이들의 부모 중에서는 한 명도 사회불안장애의 요소를 보이지 않았다는 점이다. 이는 행동억제라는 특성이 일종의 유전적, 기질적 요인으로 사회불안장애와 관련됨을 보여 준다.

# 불안에 쉽게 빠지는
## 신경증적 성격

심리학자인 폴 코스타와 로버트 맥크레이는 병에 걸려 통원 치료를 받거나 입원한 환자들의 반응을 관찰하여 다섯 가지 성격 유형으로 구분하였다. 신경증적 성격(신경성), 외향성, 개방성, 친화성, 성실성이다. 이 중 신경증적 성격은 신경증(노이로제)에 걸린 사람들의 특징으로 설명되는데, 이들은 상황에 대해 매우 예민하고 걱정하는 형태로 반응하기 때문에 불안을 쉽게 경험한다고 보았다.

신경증적 성격은 불안이나 우울을 미리 걱정하는 유형이다. 즉 힘든 상황이 예견되면 가장 먼저 최악의 상황을 떠올리며 걱정하여 쉽게 불안에 빠지게 된다. 마음에 쉽게 상처를 받고 짜증이나 화도 잘 낸다. 특히 이들은 건강에 대한 걱정이 많은데, 증상에 대한 부정적 해석이 많아 필요 이상의 약물 사용이나 의료 처치를 받는 경향이 있다.

정신분석학자 카렌 호나이는 신경증적 성격이론을 설명하면서, 인간은 기본적으로 외롭고 나약한 존재로 태어나 잠재적으로 적대적인 세계와 관계를 맺으면서 불완전감을 경험하게 되는데, 이것이 기본적 불안Basic Anxiety이고 신경증을 일으키는 요인이 될 수 있다고 보았다. 인간이 건강하게 성장하는 데 필수요소인 안전욕구가 충족되지 않으면 기본적 불안이 발생하고, 이러한 기본적 불안으로부터 자신을 보호하기 위해 신경증적 행동을 한다는 것이다.

호나이는 유아기의 환경과 대인관계의 역할에 주목한 연구자인데, 유아기에 충분한 애정을 받지 못할 때 아이는 환경을 비현실적이고 위험하고 부당하고 위협적이라고 느끼기 때문에 두려워하게 된다고 한다. 불안전한 환경에 놓인 인간은 불안을 회피하기 위한 일종의 방어책으로 신경증적 욕구를 가지게 되는데, 중요한 것은 이러한 방어적 욕구가 합리적이지 못하기 때문에 문제를 일으킨다는 점이다.


호나이에 의하면 불안장애나 신경증을 가진 사람들은 신경증적 욕구가 매우 강하거나 무분별하게 나타나는 경향이 있는데, 결국 과도한 신경증적 욕구는 불안이 큰 데서 비롯된다. 신경증적 욕구는 크게 세 가지 유형으로 나타나는데 순종형, 공격형, 회피형(고립형)이다.

순종형 성격 유형은 자신의 안전이 타인의 태도나 행동에 좌우된다고 믿기 때문에 타인에게 과도하게 의존하는 특성을 보인다. 따라서 타인의 인정과 확신을 받으려 끊임없이 노력한다. 불안전함에 대한 불안으로 타인에게 매달리는 것이다.

공격형 성격 유형은 타인에 대해 적대감을 가지고 행동하는 유형이다. 자신의 불안을 극복하기 위해 자신이 타인보다 우월하고 강하다고 믿어서 지배적이고 경쟁적인 행동 특성을 보인다. 겉으로는 우월감을 보이지만 내면에는 불안전함에서 비롯된 불안이 크게 자리잡은 것이다.

회피형(고립형) 성격 유형은 타인으로부터 멀어지고 정서적 관계를 피하려 한다. 타인과의 친밀함이 불안과 갈등을 유발하는 요인이라고 보고 이러한 불안을 막기 위해 정서적 관계를 강박적으로 회피하는 것이다.

신경증적 성격의 유형은 다양해 보이지만, 기본적으로는 불안을 처리하는 과정에서 비합리적으로 대응한 결과다. 호나이는 신경증적 기질이 강한 사람들은 현실의 자신에 대해 경멸적인 태도를 취하고 이상적 자기의 성취에 지나치게 매달리게 되어 불안 등

정신적 증상으로 고통받기 쉽다고 말한다.

이러한 예민한 태도들은 행동 특성뿐 아니라 각종 신체질환과도 연관되는 것으로 보고된다. 스스로를 돌이켜봤을 때 이러한 신경증적 성격을 일면 가지고 있다고 생각된다면, 이러한 대응이 비합리적인 뇌의 반응임을 자각해 보자. 대인관계가 힘겨운 이들일수록 자신을 객관적으로 평가함으로써 스트레스를 줄여나갈 실마리로 삼을 수 있다.

# 정신건강의학과 전문의의
# 라이벌은 점쟁이?

불안한 사람의 주요 관점은 미래에 있다. 미래에 어떻게 될 것인가? 무슨 일이 일어날까? 행복할까? 건강할까? 몇 살까지 살 수 있을까? 수입은 어떨까? 내 자녀는 성공할까?

미래를 확실하게 안다면 불안도 줄지 않을까? 하지만 타임머신이 없는 이들은 과도한 불안을 줄이기 위해 치료 대신 점쟁이를 찾는 경우가 많다. 그래서 우스갯소리로 정신건강의학과 전문의의 최대 라이벌은 점쟁이라고도 말한다. 불안한 시기에 놓였을 때 미래를 알고 싶어 점집이나 타로카페에 가 본 사람이 적지 않을 것이다. 얼마나 답답하면 돈을 주고 자신의 미래를 알려달라고 찾아갈까? 그런데 만약 이러한 궁금증을 풀고 싶어서 용한 점쟁이를 만나든, 타임머신을 타고 미래를 보고 오든, 어떤 방법으로든 미래를 정확하게 알게 된다면 우리의 불안이 사라질까?

알게 된 미래가 지금 내가 바라는 미래의 모습과 다르다면 어떻게 하겠는가? 미래를 바꾸겠다고 생각한다면 사실 그건 실제 미래가 아닐 것이다. 상황이 바뀌었으니 알게 된 미래는 맞지 않는 미래가 된다는 이야기다. 사주나 타로가 근본적으로 불안을 없애지는 못한다.

미래는 지금의 내가 만들어 가는 것이다. 미래가 불안하다면, 미래가 어떠한지 알고 싶다면, 그 불안을 잠재우기 위해 할 수 있는 유일한 방법이 있다. 내가 원하는 미래로 만들기 위해 더 노력하는 것이다. 시험 결과가 두렵다면 공부를 열심히 하는 것이 최선이고, 연주회를 앞두고 실수하지 않을까 두렵다면 연습을 더 해서 몸에 완전히 익히는 것이 최선이다.

하지만 자신이 노력한 대로 모두가 원하는 결과를 얻을 수는 없기 마련이다. 최선을 다한 결과라면, 원하는 결과가 아니더라도 받아들이고 수용하는 것도 훈련이다. 좌절된 상황에서 다시 일어날 수 있는 힘, 회복탄력성을 키우는 것도 불안을 낮추는 방법이다. 미래를 두고 불안해하기보다, 현재 충실한 자신의 삶에 만족하는 마음가짐이 필요하다.

현재에 관심을 가져 보자. 지금 내가 할 수 있고, 변화할 수 있는 일이나 활동에 집중하는 것이 더 나은 미래를 맞는 최선이다.

# 불안을 극복하는 기질,
# 회복탄력성

동일한 스트레스를 받았는데 어떤 사람은 툭툭 털고 일어나는 반면, 어떤 사람은 오래도록 그 스트레스에서 헤어나오지 못한다. 툭툭 털고 일어나는 사람, 넘어진 마음을 씩씩하게 일으킬 수 있는 사람이 가진 내적인 힘이 회복탄력성resilience이다.

스트레스를 받을 때 나오는 가장 중요한 반응이 불안이라면, 스트레스를 이길 가장 중요한 힘은 회복탄력성이다. 회복력 분야의 세계적 권위자인 펜실베이니아대학교 교수 캐런 레이비치와 앤드류 샤테는, 회복력이란 역경을 이겨내고 문제를 헤쳐나가는 힘이며, 주변 상황에 대해 적극적으로 도전하는 힘이라고 말한다. 즉, 회복력은 스트레스와 역경을 이겨내는 역량이다.

회복탄력성이 큰 사람일수록, 불안한 마음을 자신의 성장 기회로 삼는다. 심리학자 켈리 맥고니걸은 스트레스 상황에서 갖게 되는 불안을 포용하면 오히려 자신감이 상승하고 성과를 향상시키는 데 도움이 된다고 주장한다. 불안한 마음을 회피하기보다, 자신의 마음을 있는 그대로 읽어내고 받아들이는 수용 전략을 취하게 되면, 불안에 대한 부적응적 반응이 줄고 문제를 개선할 방법을 모색해 자신의 능력을 발휘할 기회로 삼을 수 있다는 것이다.

사람은 누구나 강점과 약점을 가지고 있다. 많은 사람이 자신의 강점은 드러내고 약점은 외면하려 하지만, 자신의 능력을 객관적으로 파악하고 인지할 때 어떤 부분을 보완하여 새로운 기회를 마련할지 알게 된다. 인간이 완벽하지 않음을 인정하고, 자신의 부족함도 너그럽게 받아줄 수 있는 여유가 생기는 것이다.

맥고니걸의 연구에 따르면, 스트레스를 받을 때 우리 뇌가 이것을 위협으로 인식하는가, 도전으로 인식하는가가 매우 중요하다. 위협으로 받아들인다면 불안, 공포, 자기 회의, 수치심 같은 부정적이고 예민한 반응이 나올 수밖에 없다. 이 경우 앞서 확증편향에서 살핀 내용처럼 위협적인 상황을 더 잘 발견하게 되고, 이런 부분에 더욱 집중하면서 위협에 대해 더 예민한 뇌가 될 수 있다. 그래서 인생에서 맞게 되는 스트레스 상황에 매번 예민하거나 회피하는 반응을 보이는 것이다.

만약 스트레스 상황을 도전이자 기회로 받아들인다면, 뇌는 도전을 이겨낼 가능성을 찾는 방향으로 흘러간다. 신경호르몬의 분비는 물론 새로운 신경망도 강화하는 것이다. 다소 걱정스럽긴 하지만, 이러한 긴장감을 통해 오히려 생기가 넘치고 자신감이 솟게 되는 것이 회복력이 강한 이들의 특징이다. 스트레스 상황을 도전으로 인식하게 되면, 주변 상황의 정보를 더 수집하고자 눈과 귀를 열게 되고 객관적으로 환경을 파악하려 한다. 그리고 자신의 능력과 자원을 어떻게 투입할지 모색한다.

결국 스트레스를 어떻게 해석하느냐에 따라 뇌의 신경망은 완전히 다르게 반응한다. 인간은 자동적 사고를 하기 쉽기 때문에, 평소 부정적 정서의 흐름이 강한 사람일수록 스트레스 상황을 맞았을 때 자책하거나 공포로 몰아부칠 수 있다. 그러므로 앞서 살펴본 다양한 연구에서처럼 회복탄력성이 강한 기질의 사고방식을 참고하여, 스트레스 상황과 자신의 강점·약점을 객관적으로 살피는 정확한 사고 습관을 갖는 것이 매우 중요하다.

레이비치와 샤테의 연구에 따르면, 인간의 회복력은 변화할 수 있고 이에 따라 인생도 변화할 수 있다. 회복력을 기르려면 정확한 사고의 흐름을 만드는 것이 중요하다. 신경망 흐름을 긍정적 회로로 만들 것인가, 부정적 회로로 만들 것인가? 습관적으로 가던 부정적 회로를 끊고 인생을 바꾸어 나갈 기회를 만들어 보는 것은 어떨까.

# 불안때문에
# 삶이 힘겨워진 사람들

## 반복적인 행동과 생각으로 자신을 괴롭히는 강박장애

손을 자주 씻는 것은 좋은 습관이지만, 손에 균이 묻어 큰 병에 걸릴 것 같은 불안과 공포 때문에 수시로 손을 씻는 사람이라면 평범한 일상생활을 하기가 어려울 것이다.

김강박 씨는 병균이나 세균이라는 말만 들어도 자신이 큰 병에 걸릴 것 같이 두렵고, 특히 외출 시 여러 사람이 함께 쓰는 공중화장실을 이용할 때 화장실 문의 손잡이를 잡으면 균이 손에 묻어 병에 걸릴 것 같아서 외출을 꺼린다고 하였다. 집이라고 편한 것은 아니었다. TV에서 병에 관한 이야기만 나와도 자신의 이야기인 것처럼 불안해져 뉴스나 정보프로그램을 볼 수 없다고 하였다.

김강박 씨는 30대 초반 여성으로, 어려서부터 깔끔한 성격이었는데 고등학생 때부터 걱정이 많고 불안할 때가 많아졌다고 했다.

어린 시절 기억으로는 직업 군인인 아버지가 매우 엄격하여서 아버지가 퇴근하여 집에 들어오시면 몸이 얼어붙는 것처럼 긴장하는 경우가 많았다. 오염에 대한 공포는 대학 입시를 앞두고 공부가 힘들어졌을 때 처음 나타났는데, 입시 준비에 차질이 생길까 봐 치료를 미루었다가 대학 입학 후에 정신건강의학과를 방문해 1년여간 진료를 받고 호전되었다. 그 후 직장생활을 하다 결혼하고 전업주부가 되면서 육아 문제, 시댁 문제로 스트레스가 높아지자 다시 증상이 심해졌다고 하였다.

손을 너무 자주 씻어 피부염으로 고통받고 있었는데, 화장실에 한 번 들어가면 30분 이상 손을 씻었고, 외출했다 돌아오면 씻는 시간이 너무 오래 걸려 가족들이 재촉하는 경우가 다반사라고 했다. 외출 준비에도 시간이 너무 많이 걸리는 문제로 남편과 다툼이 잦아서, 최근에는 남편도 자신과 함께 외출하는 것을 피한다고 하였다.

김강박 씨는 오염 및 질병에 걸릴 것이라는 공포심이 지나치다는 것을 스스로 잘 알고 있었다. 외출하고 공중화장실을 이용해도 큰 병에 걸리지 않는다는 것도 알지만, 막상 생각이나 행동은 그렇게 흘러가지 않았다.


자신의 의지와는 무관하게 특정한 생각이나 행동을 반복하는 것을 '강박장애'라고 한다. 특정 사고와 행동을 반복해서 하는 것을 각각 '강박사고'와 '강박행동'이라고 하는데, 일반적으로 강박사고가 나타나면 그 불안을 해소하고자 강박행동을 하고, 강박행동을 하면 불안이 어느 정도 해소되지만 특정 상황이 되면 다시 강박사고로 인한 불안 증세가 나타난다. 그래서 그 사고와 행동이 불합리하다는 것을 알면서도 반복한다.

강박장애가 없는 일반인들에게도 어느 정도의 강박 증상이 있을 수 있다. 특히 아이들에게서 흔하고, 성인 일부도 스트레스를 받으면 일시적으로 나타나기도 한다. 영화 〈이보다 더 좋을 순 없다〉에서 주인공 멜빈(잭 니콜슨)은 길을 걸을 때 보도블럭 경계선을 밟지 않고, 식사는 정해진 식당, 정해진 자리에서 하고, 귀가 후 문 걸쇠는 5번씩 확인하는 등 강박 증상을 가진 것으로 그려지는데, 강박 증상은 사람마다 그 정도와 증상만 다를 뿐 우리 주위에서 쉽게 발견할 수 있다. 축구선수 데이비드 베컴은 언론과의 인터뷰에서 자신의 강박 증상에 대해 고백했는데, 주위의 모든 물건을 일렬로 세워야 하고, 서로 짝을 맞춰야 한다고 했다. 베컴의 부인은 그가 냉장고에 음료수 캔이 3개 있다면 이를 짝수로 만들기 위해 하나를 버릴 정도라고도 했다.

강박 증상이 심하여 일상생활이나 사회생활, 대인관계에 지장을 초래하고 고통을 주는 정도라면 강박장애로 발전할 수 있다.

강박장애는 평생 발병할 확률이 2~3% 정도라고 보고되지만, 정신건강의학과를 찾는 환자 중 약 10%라고 보기도 할 만큼 실제로는 적지 않다. 실제 환자수에 비하여 치료받는 비율이 낮고, 특히 발병 후 평균 7.5년이 지나서야 치료를 받는다는 보고가 있을 정도로 치료 시기가 늦는 편이다.

주로 사춘기에서 청년기 초기에 발병하는데, 드물기는 하지만 성인이 되어 발병하기도 한다. 사춘기에 발병하는 강박장애는 남성에게 더 많고, 성인기에 발병하는 경우는 여성에게 더 많다고 알려져 있다. 다른 질환과 공존하는 경우도 많아서 우울장애, 사회불안장애가 동반되는 경우가 가장 많다. 알코올 남용이나 특정공포증, 식이장애, 조현병, 자폐증, 틱장애의 일종인 뚜렛장애 등이 동반되기도 한다.

강박장애는 크게 유전적 요인, 생물학적 요인, 정신사회적 요인에 의해 비롯된다고 본다.

강박장애의 일란성 쌍생아의 일치율이 이란성 쌍생아의 일치율보다 높으며, 가계 연구에서도 강박장애 환자의 1차 가족 중 35%가 같은 병을 가지고 있기에 유전적인 요인이 있다고 볼 수 있다.

생물학적으로는 세로토닌이나 도파민 같은 뇌의 신경전달물질 문제가 강박장애와 관련된다는 연구도 있다. 강박은 대뇌의 전두엽과 기저핵 등의 부위와 관련되어 있기에 신경해부학적으로 접근해서 보기도 한다.

정신분석학에서는 강박장애를 일으키는 불안은 고립, 취소, 반동형성 등 세 가지 방어기제에 의해 발생된다고 본다. 특정 행동을 했을 때 부모나 주변 사람들이 해당 행동을 하지 못하도록 금지하거나 부정적인 반응을 했다면, '고립'당한 그 행동에 대한 억압된 사고를 더 의식하게 되면서 오히려 특정 행동을 하고 싶은 충동이 더 커진다. 결국 특정 행동을 하게 되고, '취소'된 금지행동에 대한 '반동형성'으로 그 행동을 더 악화시키거나 문제 행동의 기간이 더 길어지게 된다. 즉, '코끼리를 떠올리지 마'라고 말하는 즉시 코끼리가 떠오르고, 강하게 제재할수록 그 사고가 더욱 강하게 떠오르는 것과 같다. 제재당한 사고는 오히려 더 의식화되고, 사고하는 기간도 더 길어지는 것이다.

강박장애는 다양한 행동 특성을 보이는데, 대부분 불합리하다는 것을 알면서도 같은 생각과 행동을 반복한다. 강박사고와 행동은 다음의 네 가지 증상이 가장 흔하다.

첫째, 오염에 대한 강박사고다. 균이나 더러운 물질에 오염될까 두려워 반복적으로 손을 씻거나 오염 대상을 회피한다.

둘째, 의심하는 강박사고다. 사실을 확인하는 행동을 반복하는데, 현관문이 잘 잠겨 있는지, 가스불이 제대로 꺼져 있는지 등을 반복적으로 확인함으로써 위험한 일이 생길 것 같은 의심을 강박행동으로 해소하려 한다.

셋째, 강박행동 없이 강박사고만 하는 경우다. 대개 성적이거나 공격적인 생각이 반복적으로 떠올라 괴로워한다.

넷째, 모든 물건을 대칭으로 맞추거나 정확하게 줄 맞추려는 행동이다. 너무 완벽하게 사물을 배치하려다 보니 작은 일 하나를 처리하는 데에도 매우 오랜 시간이 걸린다.

이 외에도 죽음이나 삶의 가치, 우주관 등 일반적으로 해결될 수 없는 관념을 계속 반복해서 생각하는 경우나, 종교적인 강박사고를 하는 경우, 물건을 강박적으로 모으거나 저장하는 경우 등이 있다.

강박 증상이 있다고 해서 모두 강박장애는 아니다. 뚜렛장애, 틱장애, 측두엽 간질, 뇌외상, 뇌염 이후 후유증 등으로 기질성 정신장애가 있는 경우도 비슷한 증상을 보일 수 있다. 특히 뚜렛장애와는 발병 연령이 비슷하고 증상도 유사하여 혼동하기 쉽다. 강박증상의 경우 위험이나 오염에 대한 불안을 감소하기 위한 반복행동인 반면, 뚜렛장애는 그런 이유가 뚜렷하지 않은 경우가 많다. 두 가지 질환이 동반되는 경우도 흔하며, 강박성 인격장애, 충동장애, 조현병, 공포증, 우울증과의 구분도 중요한데, 특히 조현병의 초기 증상으로 강박 증상을 보일 수 있다.

강박장애와 매우 유사한 강박성 인격장애도 있는데, 완벽주의적 성향, 지나친 정리정돈, 완고함 등이 특징이다. 강박장애가 행동에 강박 성향을 띤다면, 강박성 인격장애는 자신의 성격에 강박 성향을 가진다. 특히 강박성 인격장애 환자들은 자신의 증상으로 고통을 경험하는 정도가 크지 않아서 병원을 잘 찾지 않는다.

충동장애의 일종인 절도광이나 병적 도박과 같은 경우 특정 행동을 반복하기 때문에 비슷하다고 볼 수 있지만, 강박장애는 강박행동이 자신에게 고통이 되는 반면 충동장애는 반복행동이 오히려 쾌감을 준다는 측면에서 차이가 있다.


강박장애로 진단받으면 약물치료, 정신치료, 행동치료가 적용된다. 앞서 언급한 김강박 씨는 정신치료의 일환인 인지행동치료로 치료실의 책상을 만지는 것부터 시작하였다. 처음에는 치료실 책상에 손을 대는 것조차 두려워 멈칫하였지만, 책상을 만지게 한 후 바로 손을 씻지 못하게 하면서 책상을 만져도 아무 일이 일어나지 않는다는 것을 느끼게 하였다. 약물치료도 병행했는데, 약 1개월 후부터 반응을 보여 손을 씻는 횟수가 줄어들었고, 방송에서 병과 관련한 뉴스가 나와도 참고 들을 수 있게 되었다고 하였다.

사실 강박장애는 예후가 좋은 편이 아니다. 예후가 좋은 경우는 강박장애를 일으킬 만한 특정 사건이 있었거나, 증상이 일시적으로 나타난 경우, 또는 강박장애가 나타나기 전에 대인관계가 좋았거나 사회생활을 잘한 경우 정도다.

증상이 완전히 좋아지는 경우는 15% 미만으로 적은 편이다. 따라서 오랜 기간 치료받아야 하는 경우가 많으며, 적극적으로 치료받아도 20~30% 정도만 현저히 호전되고, 40~50%는 부분적으로 호전되며, 나머지 20~40%는 그 상태를 유지하거나 악화되기도 한다. 만성화되기 쉬운 질병이므로, 조기 발견과 치료가 매우 중요하다.

## [강박장애 자가 척도]

강박사고와 행동을 보이는 경우 다양한 척도가 사용되고 있으나 가장 흔히 사용되는 자가 설문지는 MOCI(Maudsley Obsessive Compulsive Inventory, 모즐리 강박 척도)다. 이 척도가 강박장애를 진단하는 검사는 아니지만, 강박사고 및 행동의 정도를 알아보기에 가장 적당하기 때문이다. 이미 우리나라에서 한글로 번역되어 설문의 신뢰도와 타당도를 인정받고 있다.

### MOCI(Maudsley Obsessive Compulsive Inventory)

각 문항을 잘 읽고, 자신에게 해당하는 정도에 따라 "예" 또는 "아니오"에 표시해 주십시오.

| 문항 | 예 | 아니오 |
|---|---|---|
| 1. 병균에 감염될지도 모른다는 생각 때문에 공중전화의 사용을 꺼린다. | | |
| 2. 추잡한 생각들이 자주 떠오르고 그런 생각들을 지워버리기 어렵다. | | |
| 3. 대부분의 사람에 비해 정직성에 대해 더 많은 관심을 가지고 있다. | | |

| | | |
|---|---|---|
| 4. 매사를 제시간에 끝낼 수 없어 일이 늦어진다. | | |
| 5. 동물을 쓰다듬고 나서는 감염되지 않을까 하고 매우 걱정한다. | | |
| 6. 어떤 일(가령 가스레인지, 수도꼭지, 방문 자물쇠 잠그는 것 등)을 몇 번씩 확인하고는 한다. | | |
| 7. 나는 매우 양심적이다. | | |
| 8. 내 의지와는 상반되는 불쾌한 생각들이 거의 날마다 떠올라 기분이 상한다. | | |
| 9. 우연히 다른 사람과 몸이 부딪치면 지나치게 신경을 쓴다. | | |
| 10. 내가 하는 단순한 일상사에 대해서 지나치게 신경을 쓴다. | | |
| 11. 우리 부모님은 어렸을 때 나를 매우 엄격하게 키우셨다. | | |
| 12. 나는 일할 때 여러 번 반복해서 하기 때문에 내 일에 대해서는 환히 알고 있는 편이다. | | |
| 13. 나는 다른 사람들보다 비누를 더 많이 쓰는 편이다. | | |
| 14. 어떤 숫자들은 매우 불길한 의미를 지니고 있다고 생각한다. | | |
| 15. 편지를 부치기 전에 쓴 것을 몇 번씩 확인한다. | | |
| 16. 외출하려고 옷을 입을 때 시간이 오래 걸린다. | | |
| 17. 나는 청결에 대해서 지나친 관심을 갖고 있다. | | |
| 18. 내가 갖고 있는 주된 문제점 중 하나는 너무 세세한 것까지 신경을 쓴다는 것이다. | | |
| 19. 매우 깨끗이 정리되어 있는 화장실을 사용할 때는 주저하게 된다. | | |
| 20. 나한테 가장 문제가 되는 것은 무엇이든지 반복 확인해야만 하는 것이다. | | |
| 21. 나는 병균이나 질병에 대해서 지나치게 걱정하는 편이다. | | |
| 22. 나는 어떤 일을 한 번 이상 확인하는 편이다. | | |
| 23. 나는 일상적인 일을 할 때도 정해진 절차를 매우 엄격하게 따르려고 한다. | | |
| 24. 돈을 만지고 난 다음에는 내 손이 더러워졌다는 생각이 든다. | | |
| 25. 일상적인 일을 할 때도 세어 보는 버릇이 있다. | | |
| 26. 아침에 세수하는 시간이 오래 걸린다. | | |

| | | |
|---|---|---|
| 27. 나는 소독약을 많이 쓰는 편이다. | | |
| 28. 일들을 반복해서 확인하느라고 매일 많은 시간을 허비한다. | | |
| 29. 저녁에 옷을 건다거나 개어 놓느라고 많은 시간을 쓰는 편이다. | | |
| 30. 어떤 일을 매우 주의 깊게 했어도 그것이 아주 잘되지는 않았다는 생각이 들고는 한다. | | |

## ● 채점 방법

예 = 2점, 아니오 = 1점

각 문항의 점수를 합산하며, 점수 범위는 30~60점이다.

## ● 나의 합산 점수 _____

## ● 결과 해석

평균 및 표준편차는 39.4점이다. 총점 60점 중 44~48점이면 강박사고와 행동의 경향이 있는 것으로 보고, 49점 이상이면 심한 강박사고와 행동을 보이는 것으로 알려져 있어 이 경우 한 번쯤 정확한 진단을 받아 볼 필요가 있다.

### [관련 자료]

관찰 가능한 주요 강박행동(확인, 청결, 의심, 지체)의 평가를 주목적으로 함.

한국판(조대경, 1995) MOCI에서는 확인, 청결, 의심, 오염의 4요인으로 나타남.

### [출처]

민병배·원호택, 〈한국판 Maudsley 강박행동 질문지와 Padua 강박질문지의 신뢰도와 타당도〉, 《한국심리학회지: 임상》 18권 1호, 1999, pp.163-182

조대경, 〈강박행동의 객관적 측정에 관한 연구: Maudsley 강박행동목록의 표준화〉, 《학생연구》 20(1), 1995, pp.78-90

Hodgson, R. J.·Rachman. S., Obsessional-compulsive complaints, Behavior Research and Therapy 15, 1977, pp.389-395

# 신체이형장애, 저장장애, 발모장애 등
## 다양한 강박관련장애

강박관련장애는 강박장애와 유사하게 반복적인 생각과 행동을 주로 보이는 질병을 아우른다. 강박장애가 강박사고로 인한 불안을 억제하기 위해 특정 행동을 반복하는 것이라면, 강박관련장애는 충동적이고 어떤 의식 없이 그냥 하는 경우가 많다.

강박관련장애는 강박장애와 발병 연령이나 공존 질병, 가족력이 겹치는 경우가 흔하고, 뇌에서 연관된 중추신경계와 신경전달물질의 이상이 유사하며, 치료 반응도 비슷하다. 신체이형장애, 저장장애, 발모장애, 피부벗기기장애, 물질/약물유도 강박관련장애, 다른 의학적 상태에 의한 강박관련장애, 기타 및 불특정 강박관련장애 등이 여기에 포함된다.

신체이형장애는 다른 사람이 보기에는 특별한 이상이 없거나 혹은 문제가 있더라도 아주 미미하여 잘 알아보기 어려운 부분에 집착하여 자신을 이상하고, 추하고, 괴물 같다고 인식하는 병이다. 신체이형장애가 있는 사람에게서 보이는 신체에 대한 병적인 집착은 어떤 부위에서도 나타날 수 있다. 이들은 거울을 보면서 자신의 결함을 끊임없이 살피고, 약점을 가리기 위해 각종 치장에 많은 시간을 보낸다. 심한 경우 하루의 절반 이상을 이와 관련한 행동을 하는 데 할애한다.

신체이형장애가 있는 경우 자신의 외모에 문제가 있다고 믿기 때문에 회피 행동이 심해 대인관계 및 사회생활을 하려 하지 않는다. 짙은 화장을 하거나 항상 선글라스를 착용하고 챙이 넓은 모자를 써서 외모를 감추려 하기도 한다. 사회불안장애와 유사한 특징이다.

신체이형장애 중 근육이형증을 가진 이들도 있다. 주로 남자들에게서 나타나는 증상으로, 자신의 근육이 너무 빈약하다고 생각해 운동에 지나치게 집착하거나 근육 발달에 도움이 되는 약물이나 물질을 남용하기도 한다.

신체이형장애는 자살 위험도가 높은데, 특히 청소년에게서 심각하다. 신체이형장애가 있는 청소년은 학업에 지장을 많이 받고, 자살을 생각하거나 자살 시도도 많은 편이라 특별히 주의가 필요하다.

저장장애는 '수집광'이라 불리는 병이다. 2000년대 이후 질병으로 새로 분류된 것으로, 과거에는 강박적 저장이라는 하나의 증상으로만 간주하였으나, 많은 연구를 통해 독립된 질병으로 인정되었다. 저장장애는 아무 쓸모없고 가치 없는 물건을 절대 버리지 못하고 집안에 쌓아두는 증상이다. 그 결과 집안이나 방안이 온통 쓰레기 같은 물건들로 가득 차, 생활하기가 어렵고 위생에 취약해진다. 저장장애가 있는 사람들은 이러한 물건이 필요하다고 믿거나, 아름답다고 믿기도 하고, 감정적으로 애착을 갖기도 한다. 서류 등의 종이에 매우 중요한 정보가 있어서 정보 유출이 두려워 버릴 수 없다고 하기도 한다.

물건은 주로 방이나 부엌, 거실 등에 저장하는데 심한 경우 가족이나 친지의 공간에도 저장하려 하여 마찰을 빚기도 한다. 자신이 구매한 것, 무료로 받은 것 등 모든 물건을 쌓아 두는데, 드물게는 훔쳐서 가져오기도 한다. 이들의 성격은 우유부단함, 회피, 느림, 계획성 부족, 조직적이지 못함, 산만함 등이다. 비위생적인 환경으로 건강 문제가 우려되며, 노인들의 경우 물건에 걸려 넘어지기 쉽고, 상한 음식물 섭취로 인해 질병에 걸리기 쉽다.

개인이 능력이나 여건이 되지 않는데도 과도하게 많은 동물을 키우는 동물저장도 저장장애의 일종이다. 많은 수의 동물을 데리고 살지만, 동물들에게 최소한의 관리만 제공하여 동물들이 질병이나 죽음의 위기에 처하게 된다. 동물학대에 가까운 것이다.

발모장애는 자신의 몸에 난 털을 반복적으로 뽑는 질병이다. '발모광(발모벽)'이나 '털뽑기장애'라고 불리기도 한다. 머리, 눈썹, 속눈썹을 대상으로 삼으며, 드물지만 겨드랑이, 수염, 음부의 털 등을 뽑기도 한다. 털이 뽑힌 부위를 가리기 위해 모자를 쓰거나 화장이나 물건으로 가린다. 머리카락을 모두 뽑아 삭발한 것처럼 보이는 경우도 있다. 주로 특정 시간에 불안하거나 지루하거나 긴장감을 느낄 때 발모 행동으로 이어진다. 발모 행동을 의식적으로 하는 경우도 있고, 무의식적으로 습관처럼 하는 경우도 있다. 일정 시간이 지나면 두 경우가 다 나타난다. 주요우울장애, 피부벗기기장애 등의 질환이 동반된다.

피부벗기기장애는 자기 피부를 뜯어 피부에 문제를 일으키는 병이다. 얼굴, 팔, 손을 가장 흔하게 뜯는다. 뜯기 외에 문지르기, 누르기, 찌르기, 물기 등의 행동이 동반되기도 한다. 특정한 딱지를 떼어내기도 한다. 뜯은 조각을 관찰하거나 삼키기도 한다. 불안하거나 지루하거나 긴장하는 경우 이런 증상을 주로 보이며, 피부를 뜯은 다음 쾌감이나 안도감이 따르기도 해 행동을 반복한다.

이들의 약 50%는 사회적 활동이 위축되어 학업이나 직업을 중단하는 등의 문제가 나타난다. 또한 30% 이상의 환자에게서 치료가 필요한 정도의 피부 문제가 발생하며, 심한 경우 피부 이식 등의 수술이 필요하거나 피부 조직의 손상으로 감염증, 패혈증 등을 일으키기도 한다.

물질/약물유도 강박관련장애는 특정 물질이나 약물의 사용과 금단으로 인하여 강박증상을 일으키는 것이다. 대표적으로 암페타민, 코카인, 마리화나, 환각제, L-DOPA, 도파민 효현제, 중금속, 비정형 항정신병 약물 등이다.

다른 의학적 상태에 의한 강박관련장애는 심혈관장애, 중추신경장애, 종양, 두부외상 등이 있는 경우 2차적으로 강박 증상이 나타나는 경우다. 연쇄상구균의 감염과 연관된 자가면역성질환인 판다스병, A군 연쇄상구균 감염과 관련된 시데남무도병도 강박 증상을 이르킬 수 있는 대표적인 신체질환이다.

강박적 질투는 의처증과 의부증으로 알려져 있는 부정망상까지는 아니지만 연인이나 배우자의 부정과 연관된 집착을 주로 보인다. 외도 등의 부정을 의심해 이를 확인하려는 행동을 반복한다.

강박관련장애의 치료는 강박장애와 마찬가지로 약물치료, 인지행동치료가 적용된다. 강박장애처럼 호전률이 좋지 않아 장기적인 치료가 필요하다.

# 갑자기 죽을 것 같은 공포에 떠는 사람들, 공황장애

김공황 씨는 퇴근길 운전 중 길이 꽉 막힌 상황에서 갑자기 숨이 차고 가슴이 조여 오며 심장이 두근거려 더는 운전하기가 힘들었다. 그는 간신히 심호흡을 하며 근처 공터에 주차하고 지나가던 택시를 타고 종합병원 응급실을 찾았다.

응급실 검사 결과 혈압이 다소 높고 맥박수가 빠른 것 외에는 아무런 이상이 없었다. 그러나 응급실 의사는 보다 정밀한 검사가 필요할 것 같으니 다시 방문하라며 순환기 내과에 예약을 잡아 주었다. 그 이후 방문한 순환기 내과에서는 24시간 심전도와 심장 초음파를 실시하였고 그 결과도 정상이라는 말을 들었다. 그러나 며칠 후 김공황 씨는 집에서 자던 중에 갑자기 숨이 가쁘고 가슴이 조여 오는 통증을 느껴 한밤중에 다시 응급실을 찾았다. 이런 일이 몇 차례 반복되고 모든 검사에서 이상이 없음을 확인한 의사가 정신건강의학과 진료를 권하였다. 완벽주의적인 성격이었던 그는 자신이 강하다고 생각한 만큼 정신건강의학과를 갈 이유가 없다고 생각했지만, 반복되는 증상에 의사의 권고대로 정신건강의학과를 방문했다.

김공황 씨는 공부면 공부, 일이면 일 모두 완벽하게 열심히 하는 사람이었고, 모든 면에서 절대 지기 싫어하여 운동도 남들과 경쟁하는 운동을 하면 지지 않으려고 필사적으로 매달린다고 하였다. 그는 결혼 후 아들 둘을 두었는데 아들들이 공부나 운동에서 친구들에 비해 뒤처지는 것도 참지 못하여 항상 아이들에게 1등이 되라고 강요하여 아이들은 물론 아내와도 자주 갈등을 일으킨다고 하였다. 그는 3남매 중 장남으로 어려서 집안 형편이 어려웠는데 머리가 좋고 공부를 잘하여 부모의 기대가 매우 높았고, 대학에서는 줄곧 장학금을 받으며 우수한 성적으로 졸업하였다고 하였다. 대학 졸업 후에도 대기업에 쉽게 취직이 되었고 승진도 빨라 항상 남들의 부러움을 받는 대상이었다고 하였다. 그러던 중 2년 전 중견기업에서 스카우트 제의가 와서 이직을 하였는데, 처음에는 높은 실적으로 능력을 인정받다가 최근 수개월간 실적 부진으로 스트레스가 심하였다고 하였다.

김공황 씨는 스트레스가 늘자 식사량은 물론 음주와 흡연이 전보다 많이 늘어났다. 최근 한 달간은 술을 마시지 않으면 잠들기가 어려운 상황이었다고 하였다. 또한 출근하면 커피를 계속 마셨는데, 많이 마시는 날은 7~8잔을 마셨고 적게 마시는 날에도 3~4잔은 꼭 마신다고 하였다.

그는 면담 중에도 매우 경직되어 있었고 항상 건강을 자신했던 자신에게 이런 현상이 나타나 매우 당혹스럽다고 하였다. 아직 할 일도 많은데 이러다가 건강을 잃고 죽을까 봐 두렵다면서 혹시 의사들이 자신에게 숨어 있는 큰 병을 놓치고 있는 것은 아닌지 걱정된다고도 하였다. 가족력상 고혈압과 심장질환을 가지고 있던 아버지가 50대 후반에 심근경색으로 사망하였다고 하니 그런 의심을 가질 만했다. 하지만 면밀한 면담과 구조화된 심리검사를 통해 공황장애로 진단받았다.

그동안 물처럼 마셔온 커피와 술, 흡연을 최대한 자제하고 긴장이완법과 호흡 재훈련법을 익혔다. 무엇보다 그는 정신 교육을 통해 자신의 경직된 사고가 몸을 아프게 한다는 것을 이해했다. 공황발작으로는 절대 죽지 않는다는 것을 깨닫고 안정을 찾았고, 동시에 일을 무리하게 하지 않도록 조절해 나갔다.


심리학 박사인 제릴린 로스Jerilyn Ross는 자신이 공황장애를 겪으면서 공황장애의 증상을 널리 알리고, 자신처럼 고통받는 사람들을 돕기 위해 정신과 의사들과 함께 미국불안장애협회(Anxiety Disorders Association of America, ADAA. 후에 미국불안우울협회Anxiety and Depression Association of America, ADAA로 바뀜)를 만들었다. 불안장애 환자들의 치료와 연구에 기여함으로써 세상에 도움이 되고자 한 것이다.

'공황장애'는 우리에게도 익숙한 병명이 되었다. 유명 연예인들이 공황장애를 앓고 있다거나 앓은 적이 있다고 고백함으로써 많이 알려진 대표적인 불안장애다. 이들은 방송에서 실제 정신과 치료를 받는 모습이나, 공황장애를 극복하기 위해 노력하는 모습들을 보여 주기도 했다.

공황발작은 갑자기 강렬하고 극심한 공포가 밀려와 심장이 빨리 뛰거나 가슴이 답답하고 호흡이 곤란해지는 신체 증상이 동반되어 곧 죽을 것 같은 공포를 느끼는 불안 증상이다. 이러한 공황발작이 반복적으로 나타나면 공황장애라고 한다.

공황장애는 인구 100명 중 2~3명이 발병한다고 알려져 있으나, 공황발작을 한 번 경험한 사람은 그보다 훨씬 더 많다고 한다. 즉, 대다수는 한 번의 공황발작으로 끝나는데 이 중 일부가 공황발작이 반복되는 공황장애로 이어진다. 공황장애 환자들은 공황발작이 반복될까 두려워하는 사고가 반복되고, 실제로 대부분 반복해서 나타난다.

## [공황발작 자가진단 체크리스트]

- 심장 두근거림
- 땀이 많이 남
- 손이나 발, 몸의 떨림
- 숨이 막힐 듯한 호흡곤란 또는 흉부 압박감
- 질식감
- 어지러움
- 메스껍거나 토할 것 같은 느낌
- 자신을 조절하지 못해 미칠 것 같은 느낌
- 기절할 것 같은 느낌
- 내가, 내가 아닌 듯하거나(이인증) 세상이 이전과 다른 세상처럼 느껴짐(비현실감)
- 죽을 것 같은 공포심
- 감각 이상
- 열감 또는 한기가 듦

위의 열세 가지 증상 중 적어도 4개 이상의 증상이 5분에서 10분 사이에 갑자기 나타나서 30분에서 1시간 정도 지속되는 경우를 공황발작이라고 한다.

50대 남성인 최공황 씨는 외국에서 거주하며 사업차 비행기를 타고 한국으로 오던 중 갑자기 어지럼증과 구역, 구토를 하며 이러다가 자신이 미쳐 버릴 것 같다는 불안감이 머릿속에 가득차는 것을 느꼈다. 승무원의 도움으로 천천히 호흡하면서 간신히 공항에 도착하였지만, 말로만 듣던 공황 증세를 경험하자 다시 비행기를 타기가 무섭다고 하였다. 그는 최근 스트레스가 극에 달한 상태였다. 아내와 아이를 두고 혼자 해외에 나가 있다 보니 외로워서 혼자 술을 마시다 잠들기 일쑤였고, 사업도 어려워져서 힘겨운 상황이라고 했다.

공황장애와 자주 동반되는 증상이 바로 이러한 광장공포다. 다음 장에서 상세히 다루겠지만, 광장공포는 공황발작이 일어났던 장소나 탈 것 등에서 다시 공황발작이 일어날까 두려워 피하게 되는 것이다. 예를 들어 공황발작이 처음 나타난 백화점, 터널, 지하도 같은 곳을 가지 못한다. 실제로 공황장애가 있는 사람 중 약 3분의 2가 광장공포증을 동반한다. 공황장애만으로도 힘든데 광장공포가 동반되면 외출은 물론 각종 사회생활에 많은 제약을 받게 되어 고통이 심해진다.

국민건강보험공단에서 발표한 자료에 따르면 2011년에 5만 9,000여 명이 공황장애를 치료받았는데, 2014년 9만 3,000여 명, 2018년에는 15만 9,000여 명으로 급격히 증가하였다. 연령별로는 40대가 가장 많고, 30대부터 50대가 전체 환자의 3분의 2로 중장년층의 환자가 많았다.

최공황 씨의 사례에서처럼 심리, 신체적 스트레스가 계속해서 쌓이면 공황장애가 발생할 빈도가 높다. 무한 경쟁의 사회경제적 분위기, 흡연 및 알코올의 높은 사용빈도, 이혼이나 이별과 같은 생활 스트레스도 해당 연령대에서 더 많기 때문으로 추정된다.

공황장애는 지속적인 스트레스가 주요인으로 알려져 있지만, 뇌의 생물학적 연구들은 뇌의 청반핵이라는 곳의 변화와 자율신경계의 변화, 가바GABA나 노르에피네프린 등의 신경전달물질의 변화 등을 이유로 꼽기도 한다. 평소 과민하고 일반 상황을 비관적이거나 재앙적으로 사고하는 습관과 관련된다는 보고도 있다. 극단적인 생각을 자주 하는 사람에게서 불안발작이 잘 일어난다는 것이다.

공황장애는 잘 알려진 만큼 다양한 치료법이 개발되어 효과적으로 적용되고 있다. 주로 약물치료와 정신치료가 적용된다. 정신치료 중에서 인지행동치료의 효과에 대한 연구가 많이 이루어져서 약물치료와 함께 인지행동치료를 받기도 한다. 치료 효과가 우수하다고 알려져 있어 약 30%의 환자들이 수년 내에 재발 없이 호전되고, 약 35%의 환자들은 현저히 호전된다고 알려져 있다.

일부는 만성화되어 잘 낫지 않고 약물 중단 시 6개월 이내에 4분의 1에서 2분의 1의 환자가 재발하기도 한다. 재발하는 환자들은 대부분 적절한 치료를 충분한 기간 받지 않았거나, 일상에서 스트레스에 지속해서 노출된 경우, 카페인 과다 음용이나 흡연 및 음주의 지속과 관련된다. 치료받으면 빠르게 몇 주 이내에 불안 증상이 가라앉는데, 이를 다 나았다고 생각해 충분한 기간 치료받지 않아서 쉽게 재발하는 것이다.

많은 사람이 술을 마시면 불안이 가라앉는다고 생각하는데 큰 오해다. 술을 마시면 일시적으로 진정되는 듯하지만 술기운이 사라지면 불안이 다시 나타나고 뇌에도 악영향을 주므로 반드시 금주해야 한다. 공황장애 환자의 약 80%가 흡연자라는 보고도 있는데, 담배에 함유된 니코틴 등의 물질이 뇌를 흥분시킬 수 있다. 카페인도 자율신경을 흥분시키기 때문에 커피는 물론 카페인이 많은 음료도 주의해야 한다.

만성적인 수면 부족도 공황장애 발병 및 지속에 중요한 요인이 된다. 공황장애 환자들은 너무나 긴장한 상태이기 때문에 충분한 수면을 통해 몸을 이완시키는 것이 도움이 된다. 운동도 이완에 도움이 되는데, 이때의 운동은 몸의 긴장을 풀어줄 만한 것을 선택하여 내 몸이 이완된다고 생각될 정도로 해야 한다. 운동 전후로 복식 호흡과 같은 이완을 돕는 활동을 같이 해 주면 더욱 도움이 된다.

# '밀폐된 곳' 생각만 해도 발작하는 사람들, 광장공포증

일 마주하고 이용하던 공간이 갑자기 두려움의 공간으로 변한다면 어떨까. 그 장소를 떠올리기만 해도 가슴이 답답하고 미칠 듯한 불안감을 느낀다면? 가끔가다 들르는 곳이라면 그럭저럭 피할 수 있겠지만, 자주 이용하는 엘리베이터, 지하철, 터널이나 사람이 많은 대형마트 등이라면? 해당 불안이 일상생활에 얼마나 큰 영향을 미칠지, 그 고통을 짐작만 해도 힘겹게 느껴진다. 실제로 광장공포증을 가진 사람들은 일상에서 어려움을 겪어 약 3분의 1은 거의 일을 못하고 집에서만 지낸다고 한다.

광장공포증은 임소공포증이라고 불리기도 하는데, 광장만 두려워하는 것이 아니라 특정 장소와 관련된 불안으로 그 장소에 가지 못하는 것을 말한다. 특정 장소나 혹은 급히 빠져나갈 수 없는 상황에 대해 과도하게 불합리한 두려움을 느껴 그 장소나 상황을 피하는 불안장애의 일종이다. 광장공포증은 공황장애와 같이 나타나는 경우가 많다. 광장공포증은 특정 장소에서 공황발작이 일어난 이후에 같은 장소를 두려워하게 되는 경우도 있지만, 일부는 아무 관련 없이 그 장소를 두려워한다. 남성보다 여성에게서 2배 더 많이 발병한다. 2016년 보고에 따르면 우리나라의 경우 0.6%의 유병률로 아주 흔한 증상은 아니다. 평균적으로 10대 중반에 발병하며, 전체의 3분의 2는 35세 이전에 발병한다.

광장공포증으로 피하게 되는 대표적인 공간은 다음과 같다.


1. 대중교통: 자동차, 기차, 버스, 배, 비행기

2. 열린 공간: 주차장, 시장, 다리

3. 밀폐된 공간: 상점, 공연장, 영화관

4. 사람이 많은 공간: 줄을 서거나 많은 군중 속에 있는 것

5. 집 밖에서 혼자 있는 것


이들은 이러한 상황에서 공황발작이 나타나거나, 자신이 무능하거나 당혹스러운 증상들, 즉 낙상의 공포나 실금(대소변의 조절이 불가능한 상태)의 공포심 등이 나타났을 때, 그 상황에서 벗어나기 어렵거나 도움을 구하기 어렵다고 생각하여 그 장소를 두려워하

고 회피하게 되는 것이다. 물론 일시적인 회피가 아닌, 적어도 6 개월 이상 증상이 지속되는 경우 광장공포증으로 진단될 수 있다.

원인은 아직 연구가 부족한 것이 사실이다. 불안에 대한 민감도가 높은 경우 광장공포가 발병할 확률이 높다고 보기도 하고, 행동억제와 신경증적 성향이 관련된다고 보기도 한다. 아동기 때 부모와 분리되거나 가까운 주변인의 죽음을 경험하거나 공격받는 등의 부정적 경험이 광장공포를 유발하는 요인이 된다고 보기도 한다. 양육자의 양육 태도가 냉소적이었거나 반대로 과잉보호를 한 경우, 그런 경험이 영향을 미칠 수 있다는 보고도 있다.

광장공포와 유사하지만 분리해서 봐야 할 질병이 있다. 상황형 특정공포, 분리불안장애, 사회불안장애, 공황장애, 급성 스트레스 장애, 주요우울장애 등이다.

상황형 특정공포란 특정 상황을 두려워하여 회피하는 것을 말하는데, 광장공포는 대개 두 가지 이상의 상황을 두려워하는 반면 상황공포는 한 가지 상황만 두려워하고, 불안의 주제가 다르다. 예를 들어 비행기 타기가 어려운 증상은 같지만, 광장공포는 비행기를 타면 공황발작이나 그와 유사한 불안 증세가 나타나는 것이 두려운 것이고, 상황형 특정공포는 비행기가 떨어지거나 충돌하는 사고가 날 것 같은 불안으로 비행기를 못 타는 것이다.

분리불안장애도 특정 장소에 가지 못하는 경우가 있는데, 이는 양육에 꼭 필요한 인물이나 가정에서 분리되는 것이 두려워 특정 장소에 가지 못하는 것이다.

공황장애와도 구별해야 하는데, 공황장애는 공황발작이 반복되어 나타나고, 발작이 나타날 것에 대한 두려움을 갖는 것이 대표적인 증세다. 그 증세 중 하나로 광장공포가 동반되기도 한다.

사회불안장애는 부정적으로 평가받는 것에 대한 공포가 있는 것으로, 특정 장소에 대한 공포심을 갖는 광장공포증과 다르다.

기타 의학적 상황에서 특정 장소에 못 가는 경우도 있는데, 예를 들어 크론병으로 인해 잦은 설사 증세가 있고 그래서 배변이 어려울 것 같은 장소를 회피한다면 이는 광장공포증이 아니라 의학적 상태에 의한 회피 행동으로 보아야 한다.

40대 여성인 김광장 씨는 엘리베이터를 타거나 밀폐된 장소에 기는 것이 두려워 병원을 방문하였다. 어느 날 백화점에서 엘리베이터를 탔는데, 문이 닫히는 순간 갑자기 숨쉬기가 힘들고 가슴이 두근거리면서 어지럽고 속이 메스꺼워졌다고 했다. 엘리베이터에서 내리자 그런 느낌이 바로 사라졌는데, 일주일 후 엘리베이터를 타니 비슷한 증상이 나타나 엘리베이터를 타기 힘들어졌고 이후부터는 엘리베이터는 물론 좁고 밀폐된 공간에 들어가는 것도 두려워진다고 했다. 심지어 그 공간에 간다는 생각만 해도 불안한 마음이 커진다고 했다.

평소 건강하였던 김광장 씨는 최근 자녀들의 공부 문제와 친정 부모의 질병으로 스트레스를 받았고 잠을 못 이룬 날들이 몇 번 있었으나 스스로는 스트레스가 아주 극심하지는 않다고 하였다. 병력을 자세히 듣고 심리검사를 시행한 결과 공황장애 증상은 없는 광장공포로 진단되었다.

치료 과정에서 상상 노출부터 시행했다. 눈을 감고 엘리베이터를 타는 장면을 상상하게 하는 것이다. 집을 나서서 백화점에 도착하고, 정문을 열고 들어가 혼자 엘리베이터를 타는 과정을 상상하게 했다. 그 다음에는 밀폐된 방에 혼자 들어가는 것을 상상하게 했다. 부모님 댁에 작은 방이 있는데, 주로 오래된 물건을 찾을 때 들어가는 방이 있다고 해서 그 공간을 떠올리게 했다.

김광장 씨는 처음에는 상상조차 힘들어서 안 하려고 했다. 그러나 상상하면서 가빠지는 호흡을 가다듬는 훈련을 시켰고, 이것은 상상일 뿐 실제가 아니라는 것을 알려주며 계속해서 상상을 이어가도록 했다. 이후 머릿속에 떠올리는 정도는 할 수 있게 되었다. 이와 함께 항불안제도 처방하여 엘리베이터를 타는 경우 가방에 약물을 지참하게 하였다. 가능한 한 약물 사용을 자제하는 것이 좋지만, 반드시 불안한 장소를 가야 하는 상황이라면 약물을 사용하더라도 그 장소를 피하지 말라고 권고하였다.

광장공포증만 있는 경우 약물치료보다는 인지행동치료와 같은 정신치료가 중요하다. 김광장 씨는 집에서도 엘리베이터를 타는 상상이나 작은 방에 들어가는 상상을 하는 훈련을 꾸준히 했고, 약물을 복용하고 실제로 엘리베이터를 타거나 작은 방에 들어가는 연습도 해냈다. 이후에는 약물을 소지만 하고 엘리베이터 타는 연습을 했고, 4개월 후에는 약물 없이 엘리베이터를 탈 수 있고 친정집의 작은 방에도 들어갈 수 있게 되었다.

만약 김광장 씨처럼 엘리베이터에 대한 광장공포가 있고 증세가 심할 경우 고층까지 엘리베이터로 오르는 상상이 아닌, 1, 2층만 오르내리는 것을 상상하고 실제 훈련도 1, 2층만 타는 것으로 연습하는 것이 좋다. 대부분 짧게 1, 2층만 타는 시간은 견디지만, 높은 층으로 올라갈수록 타는 시간이 길어질수록 힘들어지기 때문에 층수를 점차 늘리는 것을 권한다.

공황장애가 동반된 광장공포증은 공황장애의 약물치료를 함께 받는다. 광장공포증만 있다면, 앞에서 다룬 사례처럼 노출 치료를 앞두었을 때만 일시적으로 항불안제를 사용하고, 대부분은 인지행동치료 등의 정신치료를 핵심으로 잡는다. 인지행동치료의 핵심은 노출이다. 힘든 상황을 실제로 경험하고 극복해야 하기 때문이다. 노출 치료는 상상 노출이나 점진적 노출, 실제 노출을 상황에 따라 적절하게 적용해 나간다.

# 삶의 모든 것이 걱정인 사람들, 범불안장애

불안장애란 광범위한 불안을 의미하는 것으로, 오랜 기간 과도한 불안과 걱정, 긴장과 같은 심리적 증상과 두통, 떨림, 피로감 등의 다양한 신체 증상을 주로 호소하는 병이다.

범불안장애를 가진 환자들은 주로 업무나 가족, 건강, 재정 상황, 대인관계에서의 사소한 일 등 일상생활에서의 일을 과도하게 염려한다. 누구나 할 수 있는 걱정들이지만, 그 정도가 심해서 안 하려고 해도 조절이 안 될 정도다. 심지어 자신이 이런 걱정을 지속하기 때문에 우려했던 일들이 일어나지 않는 것이라고 믿어서 걱정을 멈추려 하지 않는다. 그래서 하루의 상당 시간을 걱정하는 일들이 안 일어나기를 바라는 것으로 보낸다. 머릿속에서 걱정거리를 상상해내고, 그 걱정거리가 일어날까 몇 시간이고 불안해하면서 보내는 것이다. 실제 걱정 관련 척도를 사용하여 비교한 결과, 정상인의 경우 평균 55분을 걱정에 소비하는 반면 범불안장애 환자들은 310분을 걱정에 소비한다는 연구도 있다.

신체 증상도 흔히 동반되는데, 대표적인 증상들은 근육 긴장으로 인한 떨림, 근육통, 몸살기운, 피로감, 메스꺼움, 설사 등이고, 가슴이 두근거리거나 어지러움, 질식감 등의 자율신경계 증상들도 나타날 수 있다. 공황장애 증상과 유사하지만, 공황발작보다 증세가 심하지 않고, 증상이 나타나는 빈도수가 많지 않다.

설사와 변비가 반복되는 과민성대장증후군과 같은 증세나 두통도 흔하다. 빈뇨나 불면증도 대표적인 증상이다. 그래서 많은 경우 내과, 신경과, 비뇨기과 등을 방문해 각종 검사를 받지만 정상이라는 판정을 받고 '신경성입니다'라는 답변을 듣는 경우가 많다. 검사 결과 문제가 없음에도 이러한 증상이 일시적이 아닌 수개월 이상 지속된다면, 정신 건강 문제가 아닌지 진단받아 볼 필요가 있다.


평소 잦은 두통에 시달리던 박불안 씨는 불면과 두통이 심해져 신경과를 방문했다가 담당 의사의 권유로 정신건강의학과를 방문하였다. 30대 이후부터 두통이 잦고 불안과 불면 증상이 시작되었는데, 여러 병원에서 검사를 받았지만 이상 소견이 없었다.

평소 걱정이 많은 편이어서 가족들이 조금만 늦어도 뉴스에서 본 사건 사고가 떠올라 안절부절못하게 되고, 수시로 전화를 걸어 빨리 오라고 재촉하거나 현재 위치를 확인해 가족들이 힘들어한다고 하였다. 하지만 자신이 가족들의 안전을 확인하기 때문에 다들 무사히 귀가하는 것이라고 생각해 연락을 안 할 수가 없다고 했다. 잠자리에 들면 온갖 걱정과 수많은 생각이 꼬리를 물어 잠들기 어렵다고도 했다.

박불안 씨는 그동안 두통 증세만 다스리기 위해 진통제를 오래 복용해 왔다. 최근 이사와 자녀의 결혼 문제로 스트레스가 늘면서 원래도 숙면이 어려웠지만, 더 심해져 잠들기가 어려웠다. 몇 시간을 뒤척이다 새벽에 간신히 잠들면 다음 날 잠을 안 잔 것처럼 온종일 머리가 아프고 피곤한 날들이 이어졌다고 한다. 성실한 아내이자 며느리, 엄마로 살아오면서 가족들을 위해 애써 왔지만 정작 자신은 여기저기 아프고 잠마저 편하게 잘 수 없는 지경에 이른 것이다.

컨디션이 떨어지고 잠을 잘 못 자는 날이 이어지면서 불안하고 우울하고 혹시 나쁜 병에 걸린 것은 아닐까, 혹시 오래 살지 못하는 것은 아닐까 하는 부정적인 생각이 든다고 하였다. 자녀들이 어느 정도 커서 이제 좀 편해질 줄 알았는데 몸이 아프니 곧 죽게 될 것 같은 불안한 마음이 커진다는 것이었다. 자살 생각이 들 정도로 우울하지는 않지만, 이렇게 살아서 무엇 하나 하는 생각에 눈물이 나기도 하고, 자신 때문에 남편이나 자녀들이 힘들어할까 걱정된다고도 하였다.

우울장애까지는 아니지만 우울감이 동반된 범불안장애로 진단되었다. 수면 문제부터 바로잡기 위해 입원 치료를 시작하였다. 박불안 씨는 입원해서도 가족들의 식사와 일상 문제를 걱정하였다. 하지만 입원 후 식욕이 다소 늘고 수면시간도 점차 늘어 5일 만에 퇴원하여 이후에는 통원 치료를 받았다. 약물치료와 긴장을 이완하기 위한 호흡법, 근육이완훈련을 꾸준히 받자 2개월 후부터는 두통, 불안, 불면의 증상이 상당히 개선되어 일상생활에서 큰 불편함 없이 지낼 만하다고 하였다. 물론 아직도 식구들이 조금 늦으면 불안한 생각이 떠오르지만, 예전처럼 수시로 전화를 걸 정도는 아니었고, 가족들이 늦는다고 미리 문자를 주면 이후에는 그리 불안하지 않다고 하였다.

범불안장애가 있는 경우 불확실한 상황을 잘 견디지 못하고, 확실하지 않으면 대부분 부정적인 것으로 받아들이기 쉽다. 그래서 그런 상황을 아예 피하려고 하고, 어쩔 수 없이 맞닥뜨리게 되면 온몸이 굳어 아무것도 할 수 없는 상황이 되고는 한다. 행동의 변화도 나타나는데 부정적으로 작용할 가능성이 있는 사건이나 활동들을 가능한 한 피하려 하고, 극심한 걱정으로 행동이 굼뜨게 되고, 뭔가를 결정하는 것을 매우 어려워한다. 문제가 없는지 반복적으로 확인하는 행동을 보이기도 한다.

범불안장애는 불안장애 중에서 비교적 흔한데, 미국의 경우 평생유병률이 9%, 1년 유병률이 2.9%로 알려져 있고 우리나라의 경우 평생유병률 2.4%, 1년 유병률 0.4%로 보고된다. 범불안장애는 남성보다 여성에게서 2배 정도 더 많이 발병한다. 발병 연령은 청소년기부터 노년기까지 넓지만, 가장 흔히 발병하는 연령대는 30대다.

범불안장애가 발병하는 원인으로 기질적 요인과 환경적 요인을 꼽을 수 있는데, 행동억제 기질, 부정적 정서성, 해로운 것을 무조건 회피하려는 성향 등을 가진 사람들에게서 범불안장애의 위험성이 더 높다. 어려서부터 잘 울지도 않고 자주 침울해하며 활동이 매우 제한되어 있었다면, 행동억제 기질이었다고 볼 수 있다. 환경적 요인으로는 유년기에 결정적인 사건이나 사고를 경험했거나 부모의 과잉보호가 연관될 수 있다고 보지만, 이것이 범불안장애에 결정적으로 영향을 미친다고 보지는 않는다.

최근의 연구로는 세로토닌, 가바, 노르에피네프린과 같은 뇌의 신경전달물질 체계에 이상이 있는 경우 범불안장애의 위험성이 높다고 보고된다. 신경해부학적으로는 전두엽, 변연계, 기저핵,

후두엽 등 뇌의 주요 부위에 이상이 있을 경우 범불안장애와 관련된다고 보기도 한다.

범불안장애가 있는 환자의 직계가족 중 약 25%에서 범불안장애가 발병하는 것으로 보아 유전적 요인이 중요하다고 본다. 쌍생아 연구에서도 일란성 쌍생아에서는 질병 일치율이 50%인 반면 이란성 쌍생아에서는 일치율이 상대적으로 적은 15%로 나타나, 이 결과 역시 유전의 가능성이 큼을 보여 준다.

정신분석이론에서는 범불안장애의 불안은 해결되지 못한 무의식들이 갈등을 일으킨 결과라고 설명한다. 또한 인지행동 측면에서 동일한 환경에 있더라도 부정적 요인에 더 관심을 기울이는 것, 정보를 왜곡되게 처리하는 것, 자신의 대응 능력을 과소평가하고 부정적으로 보는 시각 등이 상황을 부정확하고 부적절하게 인식하여 불안을 만든다고 보기도 한다.

물론 가슴이 두근거리고 피로해지거나, 수면에 문제가 생기는 등의 증상은 범불안장애뿐 아니라 갑상선기능항진증이나 부정맥과 같은 신체질환의 증상일 수도 있으므로 정확한 감별 진단이 필요하다. 카페인 중독이나 남용, 알코올이나 수면제 금단증과도 구별해야 하고 공황장애, 우울장애, 사회불안장애, 강박장애, 특정공포증, 신체 증상장애, 질병불안장애, 외상 후 스트레스 장애, 조현병 등의 정신질환과도 감별이 필요하여 증상이 있을 경우 전문의를 통해 정확한 진단을 받고 해당 질환에 맞는 치료를 받는 것이 중요하다.

범불안장애는 약물치료와 정신치료가 대표적이다. 다양한 약물들이 개발되어 적용되고 있는데, 대표적인 약물들은 벤조디아제핀계 약물, 아자피론계 약물, 삼환계 항우울제, 선택적 세로토닌 수용체 재흡수 억제제, 세로토닌-노르에피네프린 수용체 재흡수 억제제 등이다. 약물치료에서 중요한 것은 장기 치료가 필요하다는 것이다. 최소 6개월 이상 치료받아야 하며, 우울증의 정도가 심한 주요우울장애가 동반된 경우라면 최소 1년 이상이 걸릴 수 있다. 그만큼 치료가 어렵고 재발이 흔하다. 약물치료를 받은 후 증상이 줄었다고 해서 약을 임의로 중단하는 것은 재발의 위험성을 키우는 주요 원인이다. 실제로 환자의 4분의 1이 약물을 중단한 후 1개월 이내에 재발하고, 60~80%의 환자가 다음 해에 재발한다는 보고도 있다.

정신치료는 인지행동치료, 지지적 정신치료, 통찰 지향 정신치료 등이 적용되는데, 치료를 받고자 하는 의지가 강할수록 약물치료와 함께 적용했을 때 효과가 좋게 나타난다.

# 사람들 앞에 나서지 못하는 사람들,
## 사회불안장애(대인공포증)

남들 앞에 나서야 하거나 대표로 뭔가를 해야 하는 자리에 서면 누구나 긴장된다. 낯설고 부담스러운 상황을 마주하면 떨리기 마련이고, 그런 긴장감을 덜기 위해 더 최선을 다해 준비하기도 한다. 그런데 소화시킬 수 없을 만큼 긴장도가 올라가서 그 자리나 상황이 너무나 힘겨운 사람들이 있다. 업무 미팅을 하거나 남들과 식사하는 자리도 긴장되어 손이 떨리거나 목소리가 떨리거나 말을 더듬는 등의 증상으로 불편한 사람들도 있다.

20세기 최고의 첼리스트로 알려진 파블로 카잘스도 오랜 기간 사회불안장애로 고통받았다. 사람들 앞에 서기가 너무 두렵고 긴장되어 연주를 하기도 전에 손에 땀이 지나치게 나서 공연하기 어려운 상황을 자주 맞닥뜨렸다고 한다. 한 번은 연주회에서 인사를 하다가 손이 너무 떨려 첼로 활을 떨어뜨린 적도 있다고 한다.

20대 후반 직장인 이사회 씨도 그런 증상으로 이직을 고민할 만큼 힘겨워하다 병원을 찾았다. 이사회 씨는 회사에서 발표하는 상황이 너무 어렵다고 하였다. 어려서부터 좋은 평가를 받기 위해서 스스로를 채찍질하는 데 익숙했지만, 취업 후 상사 앞에서 발표해야 하는 상황은 좀처럼 극복하기 어려웠다. 좋은 인상을 남겨야 한다는 부담감과, 자신의 발표 실력이 성과 평가로 이어진다는 생각에, 발표하는 날이 오면 너무나도 불안해져 머릿속이 새하얘진다고 했다. 자신의 소심한 성격으로 나쁜 평판을 받을까 두렵다고도 하였다.

그는 초등학교 때부터 부모님이나 선생님의 말씀에 잘 따르는 편이었고, 스스로도 노력하면 성공할 수 있다는 믿음으로 최선을 다해 왔다고 했다. 그러나 친구들과 적극적으로 어울리거나 남들 앞에 나서는 성격이 아니어서 반장이나 회장 같은 임원을 맡은 적은 없다고 했다. 친구도 여러 명을 사귀기보다 한두 명의 친구를 깊이 사귀는 편이었다. 그러던 중 중학교 2학년 국어시간에 선생님의 지목으로 책을 읽어야 하는 상황이 있었다. 그때 너무 긴장한 나머지 말을 조금 더듬었는데, 친구들 몇 명이 키득거리기 시작했다. 놀림을 당한 것 같아 자신도 모르게 얼굴이 붉어졌고, 이런 그를 본 짝이 "너 얼굴 붉어졌어"라고 말해주자 더 당황해서 얼굴이 화끈거렸다고 한다.

　이후 그는 비슷한 상황이 올까 너무나 두려웠고, 어쩌다 자신의 발표 차례가 오면 간신히 해내면서 그 이후 국어시간이 싫어졌다. 대학에서도 혼자서 하는 공부는 곧잘 했지만, 세미나 수업 등에서 이루어지는 발표나 팀워크 작업은 어려워 피하는 경우가 많았다. 대학교 2학년을 마치고 간 군대에서는 비교적 편하게 지냈는데, 군대에서는 발표할 일도 별로 없고, 다 같이 머리를 짧게 자르고 똑같은 군복을 입고 시키는 일만 하면 되기 때문에 크게 불안하지 않았다고 한다. 그러나 군 제대 후 복학해서 발표를 맡게 되었을 때 같은 증상이 반복되었고, 힘겨운 싸움이 다시 시작되었다.

　이사회 씨는 자신이 발표를 잘해야만 성공할 수 있다는 생각에 앞길이 막막하다고 했다. 이런 자신이 너무 실망스러워서 우울한 기분도 든다고 했다. 문제를 해결하기 위해 화술학원을 알아보던 중 인터넷에서 대인공포증에 관한 내용을 보고 병원을 찾은 것이었다.

　이사회 씨와 같이 대인관계나 사회적 상황을 두려워하는 것을 사회불안장애라고 한다. '대인공포증'이나 '사회공포증'이라고도 불리는 이 병은, 남들과 대화하거나 남들 앞에서 발표하거나 어떤 미션을 수행해야 하는 경우, 남들이 자신을 어떻게 평가하느냐를 지나치게 염려해서 주로 생긴다. 남들의 부정적 평가가 이들에게는 가장 큰 공포인 것이다.

13세에서 20세 사이의 청소년기에 가장 발병이 흔하다. 아직 사회 경험이 부족하고, 목소리는 물론 신체가 급격하게 변하는 사춘기를 지나면서 남들의 시선을 민감하게 의식하게 된다. 사춘기에 어느 정도의 수줍음이나 부끄러움을 느끼는 것은 일반적인 현상으로 간주된다. 그래서 많은 사람이 사회불안장애를 병이 아닌 내성적이고 수줍음이 많은 성격의 문제로 여겨 치료 시기가 늦어지기도 한다.

사회불안장애가 있는 경우 집에서 혼자 있는 시간을 가장 편하게 여겨, 증세가 심하면 등교는 물론 외출 자체를 안 하려 한다. 대인관계 및 사회적 상황이 두려운 것이다. 여러 사람 앞에서 발표하기, 모임에서 대화하기, 남들 앞에서 글씨 쓰기, 남들과 식사하기, 공중화장실 사용 등 다양한 사회적 상황을 어려워한다.

일상생활에서 이러한 불편을 느껴 병원을 찾는 사람이 많다. 은행에 갔을 때 은행 직원이 보는 앞에서 글씨를 쓰거나 각종 계약서를 작성할 때 손이 떨려 어려움을 겪는다는 사람도 있고, 회식 자리에서 다른 사람에게 술을 따라 줄 때 손이 떨려 회식을 못 하겠다고 하는 사람도 있다. 그 사람의 경우는 파킨슨병 같은 신체질환이 걱정되어 검사를 받았지만 이상이 없는 것으로 판정받았다고 한다. 다른 사람 앞에서 말해야 할 때 목소리가 떨려 병원을 찾은 사람도 있는데, 그는 가족이나 친한 친구들 앞에서는 괜찮지만 모임처럼 여러 사람 앞에서 말할 때는 목소리가 너무 떨려 말하기 힘들다고 하였다.

이 밖에도 사회불안장애 환자들이 보이는 특징적인 행동은 다양하다.

적면공포는 사람들 앞에서 얼굴이 붉어지는 것을 불안해하는 경우다. 적면공포 환자들은 모자를 많이 쓰는데 그것도 챙이 큰 모자를 눌러 쓴다. 일부러 선글라스를 쓰기도 하는데, 부적절한 장소에서 선글라스를 쓰게 되면 오히려 타인의 주목을 유도하게 되어 회피하려는 의도가 무산되기도 한다. 머리를 기르는 경우도 흔하다. 앞머리는 물론 경우에 따라 옆머리도 길게 길러 최대한 자신의 얼굴이 노출되는 것을 막으려 한다. 여성의 경우 화장을 신하게 하기도 한다. 화장을 진하게 하거나 머리를 길러 얼굴 노출을 피하려 하다 보니 피부 관리가 잘 안 되어 여드름 등의 피부 질환도 자주 생긴다.

시선공포가 있는 사람들은 극장이나 강의실에서 항상 뒤에 앉으려는 경향을 보인다. 타인의 시선을 크게 의식하는데, 정면에 마주하는 사람은 물론 옆 사람이나 뒷사람들도 의식하다 보니 가능한 한 멀찍이 뒤에 앉아 그들과 눈을 마주치는 상황을 회피하는 것이다. 특히 횡시공포를 가진 사람들은 옆자리나 바로 뒷자리에 누군가 있는 상황을 매우 두려워한다. 옆 사람이나 바로 뒤에 앉은 사람들의 시선을 지나치게 의식하기 때문이다.

자기취공포, 즉 자신의 몸에서 역한 냄새가 난다고 믿는 환자들은 항상 코에 손을 자주 대고 지낸다. 자신의 냄새를 자신이 확인하고 싶기 때문이다. 그중 일부는 자신은 못 맡지만, 남들의 행동으로 보아 자신에게서 냄새가 나는 것이 분명하다고 믿고, 일부는 자신에게서 매우 역한 무언가 부패한 냄새, 고린내 등이 나는 것을 느낀다고 표현한다. 물론 이 경우에도 남들은 전혀 그런 냄새를 맡을 수 없다.

공중화장실 공포증이 있는 남자들은 소변을 보는 경우에도 항상 양변기가 있는 곳에 들어가서 문을 잠그고 소변을 본다. 소변기에서 소변을 보려면 옆 칸의 사람이나 뒤에서 기다리는 사람들의 시선이 너무나 신경 쓰이기 때문이다.

사회불안장애의 평생유병률은 유럽의 경우 2~3%, 미국은 7%까지 보고되는 데 비해 아시아권은 다소 낮다. 우리나라는 2016년 기준 1.6%, 대만은 0.3% 정도다. 이러한 차이는 사회문화적 영향도 있다고 보인다. 타인과의 조화, 융화를 더 중요시하는 아시아권 문화에서는 어느 정도의 대인 불안은 참고 지내야 한다고 생각한다. 사회불안장애의 진단 기준이 서양을 기준으로 마련된 만큼 이러한 진단 기준을 만족시키는 경우가 상대적으로 적을 수도 있다.

성별로 보면 여성의 발병률이 더 높지만, 치료를 받으러 병원을 찾는 경우는 남자가 더 많다고 보고된다. 사회활동을 하는 비율이 아무래도 그동안 남성이 많았던 만큼, 대면 활동이 많은 사회생활에서 겪는 어려움이 더 컸던 것으로 보인다. 여성의 사회활동이 증가하면서 여성의 치료 비율도 높아지고 있다.

사회불안장애도 신경전달물질이 요인으로 꼽히고, 가족 중 사회불안장애 환자가 있는 경우 그렇지 않은 경우보다 발병 위험이 2배에서 6배까지 높아 유전적 요인으로 볼 수 있다는 연구도 있다. 어려서 부모와 분리되었던 경험이 사회불안장애의 발병과 관련된다는 가설도 있고, 어린 시절 행동억제 기질을 보였던 아이들이 10대 이후에 사회불안장애를 보이는 경우가 많아 연관성이 있다고 보기도 한다.

부모의 양육 태도와의 관련성을 연구한 결과, 어려서 이들의 부모가 아이의 행동을 못 미더워하고 불안해하거나 기대치가 너무 높거나 거부적 태도를 보였던 경우, 또는 타인의 의견을 과잉으로 염려하는 태도를 가진 부모를 둔 경우가 많았다.


이사회 씨의 경우 심리검사를 했을 때 불안과 우울이 높았고,

내성적이며 완벽주의적이었지만, 그 외에 다른 정신병리적 문제를 동반하지는 않았다. 우울과 불안의 정도를 낮추기 위해 항우울제를 투여했고, 대인공포를 줄이기 위한 집단치료를 시작하였다.

항우울제 치료를 받은 후 약 2주 후부터 우울감이 감소하였고, 집단치료를 통해 자신의 병이 어떤 것인지 이해하고 증상을 받아들이려 노력했다. 특히 집단치료 상황에서 10분 정도 발표하는 상황을 만들고, 다른 환자들과 토의하는 시간도 갖게 하였는데 이를 통해 발표에 대한 공포심이 상당히 감소하기 시작했다.

치료 후반에는 회사에서 큰 자리는 아니지만 팀 내에서 발표 자리를 만들어 수행하게 하였는데, 이 또한 성공적으로 해낼 수 있었다. 이후 이사회 씨는 자신감이 생겨 조금 더 큰 회의에서도 발표할 수 있을 것 같다는 의지를 보였다.

8주간의 집단치료를 받은 이후에는 월 1회 병원을 방문하여 약물치료와 함께 집단치료에서 배운 치료기법을 스스로 적용해 나가는 연습을 이어갔다. 이사회 씨는 발표를 잘해야만 성공할 수 있다는 부담에서 벗어나 주어진 일을 열심히 하다 보면 다른 부분을 통해서도 인정받을 수 있다고 생각하게 되면서 안정감을 찾아갔다. 물론 발표하는 상황을 맞게 되면 완전히 편하지는 않지만, 적어도 그 상황을 피하지 않는다. 동시에 우울감도 상당히 호전되어 약물도 점차 줄여나가기로 하였다.

# 학교 가기도 거부하는 아이들, 분리불안장애

아이가 어려서 부모 곁을 떠나려 하지 않는 것은 자연스러운 모습이다. 낯을 많이 가리거나 불안이 높은 아이라면 유독 부모 곁에서 잘 떨어지지 않고 낯선 공간에 혼자 있는 것을 두려워하는 모습도 보인다. 하지만 아이가 어느 정도 자라면 어린이집, 유치원 등을 다니면서 독립성을 키운다. 기관에 처음 적응하는 동안에는 양육자와 떨어지기 힘겨워하던 아이들도 점차 기관에 적응하면서 자신의 양육자와 떨어져도 다시 만날 것을 알기에 크게 불안해하지 않는다. 하지만 여전히 그 정도가 심해서 유치원이나 학교에 계속 가지 않으려 하거나, 억지로 보내더라도 바로 돌아오거나 조퇴할 정도라면 분리불안장애를 의심해 볼 수 있다.

초등학교에 입학할 연령이 되었는데도 낯을 심하게 가려 학교

가는 것을 극도로 거부하는 8세의 여아가 있었다. 아이는 다소 왜소하고 마른 체형이었는데, 잠시도 엄마 곁에서 떨어지지 않으려 했다. 아이의 엄마는 아이를 낳기 전 유산한 경험이 있었기에 귀하게 낳은 아이인 만큼 주변에서 과잉보호한다는 말을 들을 정도로 아이를 세심하게 돌보았다고 한다. 특히 생후 15개월 무렵, 장염이 심하여 병원에 10일간 입원한 적이 있는데, 이때부터 아이의 일거수일투족에 집착할 만큼 아이를 세심하게 돌보았다고 한다. 그런 반면 아이의 아빠는 귀가 시간이 늦었고, 집에 있는 동안에도 아이를 잘 돌보지 않아 아이나 아내와의 관계가 소원했고, 아이에게 엄격한 모습을 주로 보였다고 한다. 임신 기간 동안에도 남편과의 갈등으로 스트레스가 심했다고 했다.

아이의 언어발달은 또래와 비슷한 수준이었다. 하지만 밤에 많이 보채고 낮에 활동량은 적은 편이었다. 생후 20개월부터 낮에는 물론 잠자리에 들 때도 엄마와 떨어지지 않으려는 모습이 드러나기 시작했다. 대부분의 아이는 유치원에 억지로 들여보냈을 때 초반에는 잠시 울더라도 이내 친구들과 어울린다. 하지만 이 아이는 끝내 거부하여 결국 유치원에서 집으로 전화를 걸어 엄마가 다시 데리고 나오는 날이 이어졌다. 문제는 초등학교에 입학할 때가 되었는데도 여전히 떨어지지 못하는 것이었다.

분리불안장애가 있는 아이는 유치원이나 학교가 싫거나 그 장소가 무서운 것이 아니다. 애착 대상과 떨어지면 다시는 만나지 못할까 봐 두려운 것이다. 자신이 없을 때 엄마나 가족에게 뭔가 큰 불행한 일이 생겨 더는 못 보게 된다고 생각하기도 한다. 억지로 떨어지더라도 수시로 애착 대상의 안부를 확인해야 하는 증상으로 나타나기도 한다. '학교거부', '등교거부'라고 불리기도 하였는데, 최근에는 이를 모두 '분리불안장애'라고 통칭한다.

분리불안장애가 있는 아이들은 자면서도 애착 대상이 곁에 있는지 확인하려 한다. 애착 대상과 헤어지는 꿈도 자주 꾼다. 애착 대상과 떨어지면 복통과 같은 신체 증상도 자주 보여 애착 대상의 주의를 끌려고 하기도 한다. 대개 12세 미만의 아이에게서 나타나며, 초등학교 입학 전후의 7, 8세 아이들에게서 가장 흔하다. 평생유병률이 4% 정도로 적지 않은 아이들이 이를 경험한다.

주요 원인은 애착 대상과의 불안정한 애착이 꼽힌다. 부모가 지나치게 과잉간섭, 과잉보호하는 경우가 많고, 가족의 죽음이나 질병, 애완동물의 죽음, 엄마의 출근, 갑작스러운 이사나 전학, 부모의 부부갈등 등으로 부모와 일시적으로 떨어져 본 경험을 한 이후 흔히 나타난다. 특히 아이가 행동억제 기질이 있는 경우 흔히 나타나며, 부모에게 공황장애나 우울증이 있는 경우에 연관이 있을 것으로 보기도 한다.

성장하면서 증상이 잘 사라지지만, 인생의 특정 시기에 증상이 갑자기 나타나기 쉽다. 즉, 이사나 캠프 참가, 기숙사 생활, 배우자의 출장, 자녀의 출가 등 새로운 이별의 순간이 되었을 때 분리불안 증상을 보이는 것이다. 이때 다른 불안장애가 드러나기도 하는데, 공존 질병이 있으면 예후가 좋지 않다.

앞서 학교에 가는 것을 거부하던 만 6세의 여아에게는 우선적으로 아이가 경직된 마음을 풀고 자발적으로 놀 수 있도록 놀이 방법을 배우게 하는 것을 목표로 삼았다. 이를 위해 부모에게 아이의 발달 수준에 맞는 놀이를 알려주고 가족이 놀이에 함께 참여하도록 독려했다. 무엇보다 부모의 일관성 있는 양육이 중요하므로 아이를 대하는 방식을 바꾸어 가도록 교육하였다.

놀이치료에서 아이는 자신이 좋아하는 물건을 선택하고 집중해서 놀았는데, 그런 아이의 자기 표현을 격려하자 아이의 언어 표현과 감정 표현이 점차 늘기 시작하였다. 보다 긍정적인 언어를 사용하면서 자기 표현을 늘려가도록 격려하고, 긴장을 풀어주기 위해 호흡 재훈련법과 근육 이완법을 교육하여 평소에도 적용할 수 있도록 안내했다.

1년여 간의 꾸준한 놀이치료와 부모 면담 후 아이는 학교에 잘 적응했고, 지금도 학교생활을 잘하고 있다.

# 다른 사람과는 말하지 않는 아이들,
## 선택적 함구증

만9세의 남자아이는 진료실에서 내내 조용히 허공을 바라보고 있었다. 아이를 데려온 부모의 말에 따르면, 집에서 부모나 친할머니와는 이야기를 잘 나누지만 그 외의 사람과는 전혀 대화하지 않는다고 하였다. 특징적인 것은 아이의 할머니 기억에 따르면 아이의 아버지도 어릴 적 내성적이었고, 손자와 비슷하게 한동안 함구증이 있었다고 한다.

아이는 1남 2녀 중 첫째로, 아이 어머니의 말에 따르면 계획된 임신이었으나 임신 중 남편의 실직으로 가족들이 경제적으로나 정신적으로 아주 힘들었다. 아이의 어머니는 치료받지는 않았지만 임신 중 꽤 오래 우울, 불안, 불면의 증상이 있었다고 고백했다. 아이는 정상분만으로 태어났고, 출산 시 특별한 합병증은 없었다.

아이의 주 양육자는 어머니였고, 양육 방식의 차이로 남편과 다툼이 잦은 편이었다.

아이는 생후 13개월 무렵부터 사람을 별로 따르지 않았고 옹알이도 적은 편이었다. 대소변 훈련에 어려움을 겪어 대변을 무리하게 참는 모습을 보이기도 하였고, 현재도 야뇨증이 남아 있다고 하였다. 만 5세부터 유치원에 보냈으나 선생님의 말씀에 따르면 혼자서만 놀고 친구와의 교류가 거의 없고 함께 교류하는 시간을 힘들어했다.

초등학교에 입학해서도 아이는 여전히 친구를 사귀기 어려웠다. 쉬는 시간에도 주로 교실에서 혼자 있고 수업 시간에도 멍하니 허공을 보기 일쑤여서 선생님께 지적을 자주 받았다. 선생님이나 친구들이 말을 걸어도 대답 대신 손이나 고개로 의사표시를 주로 하여, 이를 전해 들은 부모가 아이를 데리고 병원에 온 것이다.

놀이치료를 시작했을 때 아이는 역할 놀이에서 다소 공격적인 모습을 보이기도 했다. 하지만 아이가 역할 놀이를 이어가도록 치료자가 다독이며 다가가자 아이는 치료자에게 마음을 열고 놀이에 참여했다. 가족치료도 실시했다. 아이 어머니의 불안이 아이와 관련된다는 것을 설명하고, 보다 편한 분위기에서 가족이 독서, 이야기 꾸미기 등의 활동을 함께하도록 격려했다.

소량의 선택적 세로토닌 재흡수 억제제를 통한 약물치료도 병행했다. 다행히 세 가지 치료가 효과가 있어 조금씩 의사를 표현하고 함구증이 줄기 시작했다.

선택적 함구증은 말을 할 줄 알고 친하고 편한 사람과는 대화를 잘하는데, 그 외의 상황에서는 입을 다무는 증상을 말한다. 대개 부모, 형제 등 가까운 가족과는 말을 하지만 제3자와의 대화는 기피한다. 주변 사람들은 아이를 수줍음이 많거나 소심한 아이라고 보기도 한다.

실제로 선택적 함구증이 있는 아이들은 심한 수줍음, 소심함, 두려움, 예민함, 때로는 부모에게서 떨어지지 않으려는 행동을 보인다. 특히 새로운 것에 대한 두려움이 크다. 말은 안 하더라도 고개를 끄덕이거나 손을 사용하는 등 비언어적 반응으로 소통하는 경우가 있고, 타인에게는 어떤 반응도 하지 않는 경우도 있다.

미국 교육심리학자 토리 헤이든Torey Hayden은 선택적 함구증을 크게 네 가지 유형으로 분류했다.

첫째는 공생적 함구증이다. 양육자와 강한 공생관계를 맺고 자신의 요구를 양육자에게 관철시키기 위해 매달리고 예민하게 행동하는 것이다. 가장 흔한 유형이다.

둘째는 수동-공격적 함구증이다. 말을 안 하는 침묵을 자신의 무기로 삼는 것이다. 타인에 대한 적대감, 거부감으로 침묵을 선택한 셈이다. 이 경우 종종 공격적 행동을 함께 보인다.

셋째는 반응적 함구증이다. 우울감, 사회적 위축이 동반되고 가족 전체가 대인관계에 소극적인 경우가 흔하다. 특히 이사, 이민, 입학, 입원 등 환경적 변화가 있었다면 흔히 나타날 수 있다.

넷째는 언어 공포증적 함구증이다. 언어에 대한 불안과 공포로 내가 하는 말을 남들이 이상하게 보지 않을까, 못 알아듣지 않을까 하는 우려에서 남들 앞에서는 말을 아예 안 하는 것이다. 넓은 의미로 사회불안장애와 심리가 유사하다.

선택적 함구증으로 진단받으려면 증상이 적어도 1개월 이상 지속되어야 하고 상황에 필요한 말에 대한 지식 부족이나 언어장애가 없다는 것이 분명해야 한다. 즉, 말을 할 줄 모르는 것이 아니라 안 하는 경우에 해당한다. 대개는 5세 이전에 발병하고, 여아에게서 더 흔하며, 발병률은 인구의 1% 미만으로 적다. 어려서는 큰 문제가 아니지만 학교에 다니는 연령이 되면 증상이 두드러지는데, 만약 사회불안장애가 동반된 경우라면 선택적 함구증은 사라져도 사회불안장애는 지속되기도 한다.

원인은 불분명한데 충격적인 사건이나 이민과 같은 환경 변화나 가족의 불화가 원인이 될 수 있다고 본다. 이사나 이민, 입학과 같은 생활 변화에 적응하는 단계에서 이런 모습이 보인다면, 이는 적응상의 문제이고 일시적인 증상이다. 주로 사회불안장애, 분리불안장애, 특정공포증 등이 동반된다.

행동치료, 놀이치료, 가족치료가 주로 적용되고, 약물이 사용되기도 한다. 적어도 20회 이상 치료를 받아야 한다. 10세 이전에 증세가 없어지면 예후가 좋지만, 12세 이후에도 증세가 남아 있다면 예후가 좋지 않다. 성인이 되어도 자신감이나 독립심, 성취감, 의사소통의 문제 등으로 고통받기도 한다.

# 하루를 살아낼 힘이 없는 사람들,
# 적응장애

초적응 씨는 불안, 두근거림, 두통의 문제로 병원을 방문했다. 30대 남성인 최적응 씨는 최근 자신의 가게를 폐업하게 되면서 경제적으로 어려움을 겪었고, 불안, 우울감, 피로감이 쌓였다고 했다. 작지만 수년간 착실하게 가게를 운영하며 안정된 생활을 이어 왔지만, 팬데믹 상황으로 경기 침체가 상당히 오래 이어지면서 더는 적자를 감당하지 못해 폐업을 결정하게 된 것이었다. 아내는 아직 남은 저축으로 생활을 이어갈 수 있고, 젊으니 새로운 일을 시작할 수 있다고 위로하였지만, 자녀 둘을 볼 때마다 경제적 불안감이 높아지고, 자신이 새로운 일을 시작할 수 있을까, 전과 같은 수입을 얻을 수 있을까 하는 불안감, 자신이 무능한 사람으로 느껴지는 우울감을 토로하였다.

불안과 우울감은 신체 증상으로도 나타났다. 숨이 차고 가슴도 자주 두근거렸다. 죽음을 생각한 적도 있지만 현재 자살 의도는 없다고 하였다. 소화도 잘 안 되고 식욕도 저하되어 온종일 굶어도 배가 고프지 않고 외출하기도 꺼렸다. 심리검사를 해 보니 우울장애, 불안장애로 진단될 정도는 아니지만, 폐업이라는 큰 스트레스 이후 나타난 각종 증상으로 볼 때 적응장애로 진단되어 치료를 시작했다.

적응장애는 스트레스에 적응하는 과정에서 각종 증상을 호소하는 상태다. 현대인은 거의 모든 사람이 매일 각종 스트레스에 시달리고 있고, 치료받지 않을 뿐 사실 상당수의 사람이 적응장애의 증상으로 고통을 받는다. 불안을 동반한 적응장애도 매우 흔하다.

적응장애는 스트레스를 받게 만든 사건이 분명하게 존재하고 나서 이로 인하여 각종 정신 및 신체 증상이 나타난다. 여기서 스트레스는 금전 문제, 건강 문제, 가정생활 문제, 거주 환경 변화, 자연재난, 사고, 해고로 인한 실직 등 매우 다양하다. 이러한 스트레스로 불안, 우울 등의 정서 반응이 나타난 후 불면과 통증 등의 신체 증상이 나타난다. 다만 이러한 스트레스 원인이 해결되면 신체 문제와 정신 문제가 정상화되는 특징이 있다.

정신건강의학과를 방문하는 전체 환자 중 많게는 95%, 적게는 36%가 적응장애로 진단된다고 알려질 정도로 상당수에 해당한다. 응급실에 자해나 자살로 내원하는 환자의 약 3분의 1이 적응장애라는 보고도 있다. 여성에게서 발병률이 더 높고, 청소년기에 가장 흔하다고 한다.

스트레스를 유발한 사건 이후 대개 3개월 이내에 증상이 나타나는데, 성인은 불안과 우울의 증상이 흔하고, 아동기에는 복통이나 두통의 신체 증상이, 청소년기에는 학교거부나 도벽, 폭력 등의 비행 문제가 나타나는 품행장애가 흔하다. 불안이 동반되는 적응장애의 경우 안절부절못하고 가슴이 두근거리거나 신경이 과민해지는 증상이 나타난다. 불면도 흔하다.

적응장애의 경우 스트레스 원인의 지속 여부가 중요하다. 이들에게 스트레스가 지속적으로 주어진다면 이후에 다른 정신질환으로 발전할 가능성이 매우 크기 때문이다. 특히 우울장애, 불안장애로 이어지는 경우가 많다.

최근에는 스트레스 사건을 없애기보다, 개개인의 회복력을 키우는 것이 더 중요하다고 보기도 한다. 같은 스트레스 상황에서도 어떤 사람은 아무렇지 않고, 어떤 사람은 증상을 내보인다. 이를 회복탄력성(회복력)의 차이로 설명하기도 하는데, 회복탄력성이 높으면 웬만한 스트레스에도 잘 견딘다는 것이다.

대개 스트레스의 원인이 사라지면 6개월 이내에 증상들이 저절로 소멸된다. 그러나 그 전에는 각종 증상에 대하여 대증적인 치료를 받게 된다. 회복탄력성을 높이기 위한 노력도 매우 중요하다. 회복탄력성을 높이고 싶다면 건강을 위한 '기본'을 실천하면 된다. 충분한 수면과 영양, 규칙적인 생활, 적절한 운동 및 활동 등이다. 좋은 대인관계를 유지하는 것도 매우 중요하다.

적응장애에 우울장애나 알코올 사용장애 등의 문제가 동반되면 입원치료를 받기도 한다. 특히 입원이 필요할 만큼 심각한 경우 자살의 위험성에 대한 면밀한 평가가 반드시 필요하다.

# 특정 대상이나 상황이 너무나 무서운 사람들, 특정공포증

특정한 대상이나 상황을 지나치게 두려워하여 피하는 것을 특정공포증이라고 한다. 개 공포증 등의 동물공포가 가장 흔하다. 독일의 메르켈 총리는 개 공포증이 심하여 개를 멀리하는데, 러시아의 푸틴 대통령이 정상회담장에 자신이 기르던 개를 데려와 메르켈 총리가 매우 당황해했던 일화가 뉴스에 보도되기도 했다. 나폴레옹과 셰익스피어는 고양이 공포증이 있었다고 전해진다.

특정공포증은 두려워하는 대상이나 상황에 노출되면 지속적이고 강렬한 두려움을 느낀다. 해당 대상이 두려워 항상 피하려는 회피 행동도 보인다. 누구나 높은 곳이나 무서운 장소에 대해 두려움을 느낄 수 있지만, 이러한 두려움은 짧게 이어지고 고통을 유발하지 않으며 반복해서 경험하면 적응하게 된다. 하지만 특정공포증은 대상이나 상황에 대한 두려움이 지속되고 매우 고통스러워하며 적응하지 못한다.

특정공포증의 대상은 일반적으로 다섯 가지 군으로 나눈다.

첫째는 동물형이다. 개, 거미, 곤충 등 동물이나 곤충을 두려워한다. 우리나라에서는 개 공포가 흔한데, 외국의 경우 거미 공포도 흔하다. 독거미에 물려 죽거나 심한 손상을 입은 사례가 자주 보도되기 때문이다.

둘째는 자연환경형이다. 높은 곳, 폭풍, 물 등을 두려워하는 것으로 이러한 자연환경에 가는 것을 두려워한다. 흔히 높은 곳에 가지 못하는 고소공포증이 여기에 속한다.

셋째는 혈액주사손상형이다. 피를 뽑거나 주사를 맞는 등의 상황을 두려워하는 것으로 이러한 공포증이 있는 경우 피를 뽑다가 실신을 하는 것과 같은 심한 불안 증세를 보이기도 한다. 여기에는 신체 부상에 대한 공포도 포함된다.

넷째는 상황형이다. 비행기 타기, 엘리베이터 타기, 다리 건너기, 터널 지나기, 폐쇄된 장소에 가기 등을 두려워하여 피한다. 비행기 타기는 공황장애, 광장공포를 가진 이들에게서도 흔한 증상이지만 두려워하는 이유가 다르다. 특정공포의 경우 비행기를 탔다가 비행기가 추락하거나 사고나 나는 것을 두려워하지만, 공황장애나 광장공포의 경우 비행기를 탔을 때 공황발작이나 불안 증상이 나타날 것을 두려워한다.

다섯째는 <u>기타형</u>이다. 질식이나 구토를 유발하는 상황, 큰 소리를 내거나 변장한 사람을 두려워하는 것들을 포함한다.

특정공포증을 가진 환자의 4분의 3은 두 가지 이상의 유형을 함께 두려워한다. 즉, 한 가지 대상이나 상황만 무서운 것이 아니다. 특정공포증이 아니더라도 사회공포증, 분리불안장애, 범불안장애의 증상을 동반하는 경우도 많다.

특정공포증이 있는 경우 공포증을 일으키는 대상이나 상황을 마주했을 때 극심한 불안을 보이는데, 종종 공황발작으로 볼 정도로 심각하기도 하다. 이들은 공포를 일으키는 대상이나 상황에 대해 미리 불안해하는 예기불안도 가지고 있어, 그 대상이나 상황에 대해 이야기만 들어도 불안감을 드러낸다. 따라서 지속적으로 그 대상을 피하려 하기 때문에 일상생활에도 제약이 많아진다. 산에 가기 어려운 경우도 흔하고, 비행기 여행이 어려워 해외여행은 꿈도 못 꾼다는 환자도 흔하다.

혈액손상형 공포증이 있는 경우 특징적으로 미주신경성 실신이 나타나기도 하는데, 미주신경성 실신은 처음에는 심장이 빨리 뛰다가 이후 맥박이 느려지면서 저혈압이 유발되어 실신하게 된다. 체격이 건장한 한 남성이 예방접종이나 건강검진을 하러 와서는 매우 긴장한 모습으로 안절부절못하는 모습을 보이면 주변에서는 이상하게 볼 수도 있지만, 실제로 건강검진을 위해 피를 뽑다가 갑자기 실신하는 경우도 있다.

특정공포증의 원인은 연구가 충분하지는 않지만, 유전적 영향, 기질적 영향, 양육 방식 등이 종합된 결과라고 본다. 정신분석학에서는 무의식적인 갈등에 대한 방어기제가 동원된 것이라고 보기도 한다. 예를 들어 갈등의 원인이 되는 인물이 있을 때, 그 인물을 회피하기 위한 수단으로 다른 대상인 동물이나 환경을 공포의 대상으로 삼는다는 것이다. 이렇게 함으로써 겉으로는 특정 대상이나 상황을 회피하면서, 내면에서는 근원적인 두려움의 대상을 회피하는 것이다.

인지행동 측면에서는 조건화 이론으로 특정공포증을 설명하기도 한다. 일반적인 대상이나 사물, 상황에 유해한 자극이 결합된 상태에 반복적으로 노출되면, 이후에는 유해한 자극없이 중립적인 대상, 사물, 상황만 봐도 공포 반응이 나타난다. 그리고 공포심을 줄이기 위하여 공포 반응을 일으키는 그 대상, 사물, 상황을 반복적으로 피하려고 한다. 회피하고 나면 불안이 경감되는 효과가 있고, 그런 효과를 경험할수록 회피 행동이 더욱 강화된다. 공포를 회피하고, 회피하면 불안지수가 낮아지고, 계속해서 공포를 피하려는 회피 행동이 강화되면서 해당 대상이 공포의 대상이라는 인식도 더 강해지는 악순환의 고리가 형성되는 것이다.

특정공포증은 서양에서의 평생유병률이 10% 이상으로 높다고 보는데, 우리나라에서는 5.6%(2016년 정신질환실태조사) 정도다. 남성보다 여성에게서 두 배 정도 더 높으며, 대부분 청소년기 이전에 발병한다. 소아기에 증상이 있는 경우 성장하면서 저절로 사라지기도 하는데, 성인기까지 해당 공포증이 사라지지 않으면 만성화되어 노년기까지 이어지기도 한다. 특정 대상에 대한 공포가 아닌 상황형 공포증은 20대 중반에 흔히 발병한다.

특정공포증은 행동 치료가 주로 적용되는데, 특히 노출 치료가 중요하다. 두려워하는 상황을 직면하게 하는 것이다. 특정공포증은 공포를 일으키는 대상과 상황에 노출, 직면하지 않고 좋아질 수 없다.

특정공포증은 공포를 일으키는 대상을 직접 대면하는 것을 매우 힘겨워하므로, 두려움의 정도가 낮은 것부터 시작해 서서히 강한 것을 대면하는 점진적 노출 방법을 주로 사용한다. 때로는 가장 두려운 상황에 바로 직면시키는 홍수법을 적용하기도 한다.

'체계적 탈감작'이라는 방법도 있는데, 자극되는 상황에 노출하기 전에 이완요법이나 약물을 사용하여 심리적 안정 상태, 이완된 상태를 만들게 한 뒤 서서히 두려운 상황에 노출하는 것이다. 서로 다른 반응을 일으키는 자극을 동시에 주면 자극에 대한 반응이 줄어드는 것을 이용하는 방법이다. 몸과 마음을 충분히 이완하게 만들면서 불안에 직면하게 하여 더 쉽게 극복할 기회를 제공하는 것이다. 특정공포증에서 약물치료는 주된 방법이 아니다. 약물은 두려움의 대상이나 상황에 노출, 직면하기 위해 보조적으로 사용된다.

# 불안의 근원을
# 들여다봅니다

# CHAPTER 4

# 불안을 유발하는 물질과 약물들

우리는 왜 이렇게 불안한 걸까? 불안한 마음으로 괴롭다 못해 몸이 아프고 정신질환으로까지 이어지게 되는 걸까? 불안은 심리적인 현상이지만, 불안을 일으키는 원인에는 생활환경과 같은 외부적 요인도 있을 수 있고, 뇌나 신경전달물질과 같은 구조적인 요인도 있을 수 있고, 오랜 생각 습관이나 기질과 같은 내재적 요인도 있을 수 있다. 무엇이 우리를 불안하게 만드는가를 살핀다면, 어떻게 우리의 불안을 줄일 수 있는가에 대한 힌트를 얻을 수 있다. 생활환경이나 생각 습관과 같은 요인을 살피면, 정신 건강을 위해 무엇을 제거할 것인가에 대한 방법을 쉽게 찾을 수도 있다.

Chapter 3에서 살펴본 다양한 불안장애의 사례를 읽으면서, 불안을 일으킨다고 추측할 만한 동일한 환경 요인들을 발견했을 수 있다. 정신 건강으로 힘겨운 이들의 일상에서 자주 등장하는 것들이 있었다. 바로 카페인, 니코틴, 알코올이다.

다수의 공황장애 환자들에게서 공통적으로 카페인이 함유된 음료, 커피를 과용하는 모습을 볼 수 있다. 흡연과 음주도 마찬가지다. 이 세 가지는 뇌의 신경계를 자극한다는 공통점이 있다. 건강한 사람의 경우 적당한 카페인 섭취는 피로를 풀고 업무에 집중하게 하는 데 도움을 주지만, 카페인이 함유된 음료를 과용하면 아무리 건강한 사람이라도 수면 패턴에 문제가 생기고 심장 두근거림 등의 반응이 나타날 수 있다. 그런데 만약 불안에 취약한 사람이 카페인을 과다하게 섭취한다면 어떨까? 불안 증상이 나타날 뿐 아니라 악화될 수 있다.

잠자기 전 술을 마시면 잠이 잘 온다거나 불안할 때 술을 마시면 진정되는 것처럼 느껴질 수 있지만, 이것은 일시적으로 가라앉는 것처럼 보일 뿐 결국 불안이 더 커지는 결과를 가져온다. 실제로 공황장애로 내원하는 이들에게 가장 먼저 내려지는 지침이 커피, 술, 담배 금지다. 불안도를 낮춰야 하는 사람이 불안을 자극하는 것을 섭취하면 증상이 악화될 수밖에 없다.

특정 약물들이 불안을 일으키는 원인이 되기도 한다. 심한 경우 특정 약물이나 어떤 물질의 사용 또는 금단으로 인해 공황발작과 같은 불안 증세가 나타나기도 하는데, 이렇게 물질 또는 약물로 유발되는 불안장애는 따로 진단하기도 한다.

불안을 일으키는 약물로 대표적인 것은 천식 등의 호흡 곤란 환자에게 주로 사용하는 호흡기계 약물인 살부타몰salbutamol이다. 기도의 주변에 분포하는 베타수용체에 작용하여, 빠르게 기관지를 확장시킨다. 천식 등으로 기도가 좁아졌을 때 나타나는 호흡 곤란의 증세를 낮추는 약물이지만, 부작용으로 불안을 일으키는 원인 물질이 되기도 하다.

요힘빈yohimbin도 불안을 유발하는 대표적인 약물이다. 성욕촉진제로 개발되었는데, 공황발작을 유발할 수 있고 외상 후 스트레스 장애가 있는 경우 불안뿐 아니라 과거의 트라우마를 회상시키는 부작용이 나타날 수 있다고 보고된다.

암페타민계 약물(필로폰), 코카인, LSD, 메스카린, 대마(마리화나) 등의 마약류, 환각제도 대표적인 불안 유발 물질이다. 오용, 남용 시 환각, 각성, 수면 문제를 일으킬 수 있고 중독성이 있는 향정신성의약품으로서 전문의 처방 없이 개인적인 음용 자체가 금지된 것들이다.

사용을 중단했을 때 불안을 일으키는 것들도 있다. 대표적인 것이 아편류의 진통제들, 알코올, 벤조디아제핀계 진정제나 수면제 등이다. 복용시에는 별문제가 없으나 갑자기 복용을 중단하는 경우 일종의 금단 현상으로 불안을 유발하게 된다. 의사의 처방 없이는 복용을 시작하는 것과 중단하는 것 모두 주의해야 한다.

# 불안을 일으키는 독소와 음식들

우리는 일상에서 수많은 화학물질을 접하며 살아간다. 그런데 인간의 편익을 위해 만들어진 이 화학물질이 때로는 독소가 되어 우리의 신체 건강은 물론 정신 건강을 해칠 수 있다. 특히 불안을 유발할 수 있다.

독소는 염증 반응을 일으킨다. 외부의 물질이 우리 몸에 침투하면, 우리 몸은 건강을 지키기 위해 반응을 일으킨다. 상처가 아물도록 진물이 나거나 재채기를 하거나 열이 나는 등의 정상 반응이 대부분이지만, 반응 정도가 지나쳐 뇌에 혈류저하(혈액 순환이 부족하거나 정체되어 있는 상태) 같은 악영향을 미치면 불안과 같은 정신 증상도 나타날 수 있다.

자가면역질환 연구의 선두 주자인 톰 오브라이언 박사는 다양한 독성 물질 및 음식에 의하여 뇌에 염증 반응이 나타날 수 있다고 주장하였는데, 이는 불안의 요인이 될 뿐 아니라 호르몬에도 영향을 미친다고 알려진 물질들이므로 주의하는 것이 좋다.

대표적인 것이 비스페놀A다. 플라스틱병이나 종이컵, 생수병 등 각종 플라스틱 제품에서 흔히 발견되는 물질이다. 특히 플라스틱 제품에 뜨거운 물이나 음식류, 특히 기름이 들어간 식품이 닿을 경우 비스페놀A가 더 잘 녹아 나올 수 있다. 비스페놀A가 몸에 침투하면 우리 몸은 이를 기생충이나 벌레와 같은 이물질로 간주하고 이를 공격하기 위하여 면역계가 작동한다. 면역계를 통해 생성된 항체는 비스페놀A를 제거한다. 그러나 우리 몸에 침투한 독성 물질이 모두 빠져나가는 것은 아니다. 계속해서 비스페놀A가 몸에 침투되면 일부는 몸속에 남게 되는데, 이로 인해 각종 장기가 손상될 수 있다. 비스페놀A가 신체 조직과 결합하여 일종의 네오에피토프(자가면역 연쇄반응 유발인자)를 형성할 수 있는데, 신체에 붙어 있는 비스페놀A를 공격하는 항체 반응이 결국 내 몸을 공격하는 형태가 되어 뇌 조직을 비롯한 여러 장기에 손상을 줄 수 있다.

비스페놀A는 뇌뿐만 아니라 각종 호르몬, 특히 성호르몬인 에스트로겐과 갑상선 호르몬을 교란하는 주범이다. 톰 브라이언 박사는 최근 급증하는 호르몬 관련 증상들이 비스페놀A가 들어간

플라스틱 사용의 확산과 관련된다고 보았다.

두 번째는 중금속이다. 납, 카드뮴, 비소, 크롬, 수은 등이 포함된다. 중금속이 뇌에 미치는 악영향은 매우 심각한데, 뇌에 침투하여 불안, 두통은 물론, 인지기능 저하 등을 유발할 수 있다. 납의 경우 뇌 기능에 영구적인 손상을 입히기도 한다. 건축자재는 물론 치아 충전재, 화장품, 살충제 등에는 알게 모르게 많은 중금속이 포함되어 있다. 심해에서 잡힌 생선에도 수은이 유독한 수준으로 들어 있다. 건강에 이로운 식품으로 알려진 참치에는 수은 함량이 높아, 어린아이나 임산부의 경우 섭취량을 제한하는 권고가 있을 정도다.

세 번째는 곰팡이다. 곰팡이 독인 마이코톡신은 많은 질병을 유발하고 심지어 사망에 이를 수 있다. 마이코톡신은 뇌의 과민상태를 유발하여 문제를 일으키는 것으로 보고된다.

네 번째는 가성용 청소용품이다. 이들은 직접적으로나 간접적으로 염증 반응을 일으켜 뇌를 포함한 각종 장기에 악영향을 준다. 대표적인 것이 숯 연탄, 숯 라이터 유, 식기 세척용 비누(주방용 세제), 소독제 등이다. 숯 연탄의 결합제로 밀이 사용되는데, 글루텐이 독성을 일으킬 수 있다. 숯 라이터 유는 공기를 통해 독성 화학물질을 방출한다. 식기 세척제 등 주방용 세제에도 글루텐 알갱이의 단백질이 포함되어 독을 유발한다. 소독제의 경우에도 글루텐 함유 곡물의 알코올이 포함되어 독성의 원인이 된다.

다섯 번째는 밀과 글루텐이다. 밀은 현대 사회에서 가장 널리 사용되는 음식 재료지만, 소화 과정에서 다양한 화학물질로 분해된 글루텐이 뇌를 비롯한 여러 장기에 악영향을 줄 수 있다. 특히 밀은 엑소르핀이라는 물질을 배출하는데, 이는 아편처럼 뇌에 착란 현상을 일으킬 수 있는 성분이다. 아편 수용체가 자극받아 침투하는 양이 적으면 적당히 기분 좋은 정도로 끝날 수 있지만, 매일 많은 양을 섭취하다 보면 아편 수용체의 민감도가 떨어지고 더 많은 밀가루 음식을 원하게 될 것이다.

밀에서 발견되는 물질 중 벤조디아제핀계 물질도 있는데, 이 또한 각종 정신 증상의 발현과 관련된다. 아직은 연구가 더 필요하지만, 밀의 사용량 감소와 조현병의 발병률 감소 현상을 보면 둘의 연관성을 엿볼 수 있다고 톰 브라이언 박사는 말한다.

소장에서 일어나는 알레르기 질환으로 셀리악병이 있는데, 셀리악병 환자들에게서 보이는 불안 등의 여러 정신 건강 문제가 밀이나 글루텐을 포함하는 분자들이 뇌를 포함하여 예상하지 못한 몸의 곳곳을 공격해 벌어지는 문제라고 보기도 한다.


여기서 언급한 것들은 모두 일상에서 쉽게 접할 수 있는 것이다. 그만큼 우리 삶에 익숙하고 우리가 편익을 위해 취하는 것들도 있다. 생활 환경을 모두 바꿀 수는 없지만, 유해성을 안다면 줄이기 위해 노력할 수 있다. 비스페놀A가 녹아 나오지 않도록 플라스틱의 사용방법을 숙지하고, 중금속이나 세제 등에 포함된 유해 성분을 살피면서 제품을 구매하는 것이다. 밀과 글루텐에 대한 우려도 마찬가지다. 불안에 취약한 사람일수록 자신의 불안을 높일 수 있는 유해환경을 줄이기 위한 작은 노력들이 도움이 될 것이다.

# 불안을 일으키는 신체질환들

**일**부 신체질환의 경우 불안을 일으킬 수 있다. 이 경우 신체질환을 치료하면 불안이 나아지기도 한다. 대표적인 것은 내분비계 질환, 신경계 질환, 심혈관계 질환, 호흡기계 질환 및 기타 질환들이다.

신체질환이 어떻게 불안을 유발하는지 그 경로가 밝혀진 것은 갑상선기능항진증, 부신피질 호르몬 항진증 등 일부고, 이를 제외하고는 아직 연구가 부족하다. 그러나 해당 질환과 불안의 관련성이 지속적으로 보고되고 있기 때문에, 만약 여기서 언급하는 신체질환을 가지고 있다면 불안은 물론 불안으로 인한 각종 신체 증상들이 나타날 수 있다는 것을 알아 두도록 하자. 자신의 불안과 그로 인한 신체 증상이 자신의 신체질환에서 비롯된 것임을 아는 것만으로도 불안을 가라앉히는 데 도움이 될 수 있다.

내분비계 질환은 갑상선 관련 질환들로 이 중 갑상선 기능항진증이 불안을 일으키는 대표적 질환이다. 갑상선 기능저하증, 부갑상선질환, 부신피질 호르몬 항진증도 불안을 일으킬 수 있고, 저혈당증도 불안의 각종 증상을 유발할 수 있다. 드문 질병이지만 갈색세포종(pheochromocytoma, 부신수질에서 발생하는 종양)도 불안의 원인이 된다.

신경계 질환 중에서 불안을 유발하는 대표적인 질병은 뇌암이다. 이외에도 경련성 질환(뇌전증), 뇌염 등도 대표적이다. 뇌전증의 경우 전조증상으로 불안이 흔히 나타나고 경련과 경련 사이에 불안감과 우울감이 같이 나타나기 쉽다.

심혈관계 질환 중에서는 울혈성 심부전증, 승모판막 탈출증, 심방세동, 폐색전증 등이 불안의 원인이 된다. 특히 승모판막 탈출증은 공황장애와 반드시 감별해야 할 정도로 심각한 불안의 원인으로 꼽힌다.

호흡기계 질환 중에서는 천식, 만성폐쇄성폐질환, 폐렴 등이 불안을 유발한다. 최근 코로나19 감염증 환자들도 불안을 흔히 호소하는 것으로 보고된다.

기타 질환으로 빈혈, 비타민B12 결핍증, 포르피린증 등이 대표적인 불안 유발 질환으로 알려져 있다.

이러한 질병이 있는데 불안과 관련한 증상들이 나타나면 반드시 주치의와 상의해야 한다. 신체질환을 치료하면 불안이 사라지거나 줄어들기도 하지만, 치료가 쉽지 않아 만성으로 진행되거나 신체질환 이후에도 불안이 지속되는 경우 등이라면 불안에 대한 치료가 동시에 이루어져야 할 수도 있기 때문이다.

# 인간의 무의식에 존재하는 네 가지 불안

정신분석이론에서 인간의 불안은 출생 후 성장하는 과정에서 정상적으로 겪게 되는 위험 상황에 따라 각 연령별로 나타난다고 본다.

첫 번째 단계는 생후 6개월 전후에 겪게 되는 분리불안이다. 아이에게 가장 중요한 대상인 어머니와 분리되는 것에 대한 불안이다. 이는 지극히 정상적인 반응으로, 영아가 양육자와 분리되는데 아무렇지도 않다면 오히려 문제가 있는 것으로 보아야 한다.

예를 들어 적절한 돌봄을 받지 못하였거나 학대를 당한 영아에게는 양육자와 분리되는 것이 불안한 상황이 아니다. 양육자에게 학대를 받은 아이라면 양육자와의 분리가 아이에게는 오히려 다행인 상황이 되는 것이다. 그러므로 일반적으로 정상적인 영아는 양육자와 분리되는 것에 대한 불안인 분리불안의 반응을 보인다.

두 번째 단계는 만 2세 반부터 3세 반 무렵까지 나타나는 사랑 상실 불안이다. 이는 자신의 생사를 좌우하는 사람인 1차 양육자, 보통 어머니가 될 텐데 이런 1차 양육자의 사랑을 받지 못할 것 같은 불안을 의미한다.

세 번째 단계는 만 5, 6세에 나타나는 거세 불안이다. 거세 또는 생식기의 손상을 두려워하는 것이다. 정신 발달상 이 시기의 아들은 어머니에게 성적 애착을 가지게 되고 아버지에게 적대적이 되는 복합 감정을 이르는 오이디푸스 콤플렉스가 발생한다고 본다. 어머니에 대한 성적 욕망이 아버지의 욕망을 모방한 것이기에, 이런 욕망에 대한 처벌로 아버지로부터 거세당할지 모른다는 불안을 느끼게 된다는 것이다. 이 시기 아이들이 엄마의 사랑을 독차지하려는 모습을 보이지만, 슈퍼맨처럼 커 보이는 아빠를 이길 수 없음을 알게 되고 아빠의 존재와 권위를 받아들이면서 사회성이 발달해 나가는 단계다.

네 번째 단계는 초자아 불안이다. 초자아는 내면에서 양심, 도덕, 성장하면서 영향을 받은 가치관이나 사회규범이 자리잡고 있는 부분을 이른다. 초자아의 발달, 즉 양심이 발달하면서 규칙에 위배되는 행위를 할 때 수치심이나 죄책감을 느끼게 된다. 이처럼 억압된 정신적 내용들이 의식화되려고 할 때 초자아와 부딪혀 일어나는 갈등으로 생기는 불안을 말한다. 예를 들어 거짓말을 하면 안 된다는 양심과 엄마에게 혼날까 봐 거짓말을 했을 때 내적 갈등을 겪으면서 느끼는 불안이다.

불안은 대개 금지된 것을 행동으로 표현하거나 의식계로 방출하는 것에 대한 두려움과 갈등으로 나타난다는 측면에서 다음과 같이 네 가지로 구분하기도 한다.

첫 번째는 초자아 불안이다. 초자아 불안은 연령별 단계에서 가장 나중에 나타나는 것으로, 내면의 행동지침을 어겼을 때 양심으로부터 가책을 받는 것에 대한 불안과 죄의식을 견디기 어려워 고통받는 경우다.

두 번째는 거세 불안이다. 앞서 설명한 오이디푸스 콤플렉스와 관련되는데, 대개 보복적인 신체 처벌이나 부상에 대한 두려움으로 나타나는 것이 특징이다.

세 번째는 분리 불안이다. 자신에게 없어서는 안 될 매우 중요한 사람에게서 인정받지 못하거나 사랑받지 못하거나 돌봄받지 못하는 것에 대한 불안으로, 대개 예기공포와 관련된다고 본다.

네 번째는 이드 불안 또는 충동 불안이다. 자신이 엄격하게 통제하고 있던 충동이 그 통제를 벗어나 표현되려고 할 때 자신의 인격 기능이 모두 무너질 것 같은 두려움을 느끼는 것을 말한다.

이 경우 공황상태 정도의 극심한 공포를 느끼기 쉽다.

불안한 사람의 무의식에 위와 같은 단계별 혹은 종류별 불안 상태를 가지고 있다고 보는 것이 정신분석에서의 설명이다. 따라서 불안한 사람들이 가지고 있는 불안의 의미를 알기 위해서는 두려워하는 무의식적 내용을 이해해야 하며, 그런 무의식적 내용이 표현될 때 어떤 결과를 두려워하는지를 파악해 나가야 한다.

말 여섯 마리의 눈을 찌른 소년의 실화를 바탕으로 쓴 피터 쉐퍼의 희곡 〈에쿠우스〉는 거세공포를 가진 한 소년의 정신치료 과정을 다룬다. 근엄한 아버지에 대한 오이디푸스 콤플렉스로 거세공포를 가지고 있던 어린 주인공이, 자신이 사랑하던 말에게 두려움의 대상인 아버지를 투영하면서 공포심을 드러낸다는 내용인데, 내면의 불안과 공포가 변형되어 나타나는 정신분석적 행동의 결과를 설명해 주는 흥미로운 작품이다.


미국의 정신과 의사 해리 스택 설리번Harry Stack Sullivan은 인간은 대인관계를 통해 성격을 형성해 나간다고 보는 대인관계이론을 펼쳤다. 이 이론에 따르면 인간은 대인관계에서 생리적 욕구와 사회심리적 욕구가 충족되면 타인에게도 만족감을 주고 싶은 보상심리를 일으켜 성공적인 대인관계를 이루어나간다. 그러나 대인관계에서 욕구가 만족되지 못하면 불안이 유발될 수 있는데, 이

대인관계의 시작은 아이와 주양육자인 어머니와의 관계에서 시작된다. 따라서 어머니와의 관계를 통해 만족감과 안정감을 얻으면 타인과도 원활한 대인관계를 맺을 수 있다고 본다.

양육자의 불안이 유아에게 스며든다고도 주장했는데, 아이에게는 불안의 요인이 없더라도 양육자가 불안하다면, 공감적 연결에 의하여 양육자의 불안이 유아에게도 전해진다는 것이다. 여기서 공감적 연결은 영·유아기부터 시작되는 아이와 양육자 사이의 감정 경험 방식을 의미한다고 말한다.

이처럼 정신분석학에 따르면 인간은 세상에 태어나 성장하는 과정에서 다양한 불안의 상황을 마주하고 그것을 해소하는 과정을 겪게 된다. 그러나 불완전하게 해소된 부분이나 무의식에 잠재되어 있던 불안의 요소가 건드려졌을 때 자신의 존재가 없어지는 죽음에 대한 두려움, 사랑하는 대상과의 이별에 대한 두려움, 중요한 사람으로부터 거절당할지 모른다는 두려움, 자신이 생각하는 이상적 가치에 자신이 미치지 못하는 것에 대한 두려움 등 다양한 형태로 표출될 수 있다고 본다.

# 인간 본성의 진화심리학적 불안 요인들

**불**안장애가 있는 사람들의 행동을 분석한 연구들에 따르면, 이들은 위험을 인식하거나 내·외적으로 위협의 신호를 받은 경우 과도한 반응을 보인다. 이들의 불안한 내면은 불안을 유발하는 환경으로부터 벗어나기 위해 도주하거나 얼어붙거나 복종하거나 투쟁하는 방식으로 표출된다. 공포 반응으로 오히려 이타적인 행동을 하기도 하는데, 인간은 사회적 대상이기 때문에 공포와 불안에 대한 방어기제로 이타적 반응이 나올 수 있다.

어떤 특정 장소나 사물이나 타인에 대한 공포는 인간 본성에 기초한다고 보기도 한다. 영·유아에게서 나타나는 분리불안이나 고소공포가 대표적인데, 이러한 불안을 통하여 안전과 생존을 지속하게 된다는 것이다.

공포 및 불안 반응은 조건화에 따른 결과이기도 하고, 타인에 대한 관찰 학습으로 나타나기도 한다. 조건화에 따른 공포 및 불안 반응은 다른 종(동물, 사물 등)이거나 같은 종(인간) 사이에서 모두 나타나는데, 정상적인 범주의 공포 반응부터 병적인 범주의 공포 반응까지 다양하게 나타난다. 같은 종 간의 공포 반응 중 병적인 범주의 반응에 대한 대표적인 예가 사회불안장애다.

타인에 대한 관찰 학습에 따른 공포 및 불안 반응은 다른 사람이 가진 불안 및 공포 반응을 보고 학습된 반응이라고 보는 것이며, 대표적 예는 동물공포다. 예를 들어 뱀 공포가 있다고 하면, 유전적으로 뱀에 대한 공포를 물려받은 것이 아니라 다른 사람이 뱀에 대해 공포심을 보이는 모습을 관찰하고 불안을 학습해서 내재화한 것이다. 이 경우 주 양육자의 반응과 애착 관계가 중요한 역할을 한다. 이는 정상적인 공포-조건화가 영·유아기에 나타나기 때문인데, 불인정 회피애착이나 불안성 집착애착으로 키워진 영·유아에게서 이후 불안장애의 발현이 흔한 것도 이러한 이유라고 본다.

불안정한 애착을 가진 영·유아들은 부정적인 초기 경험들을 통하여 세상을 불신하게 되고, 그 결과 세상이 매우 위험한 곳으로 인식되는 결과를 초래하기 쉽다. 또한 유전과 환경의 상호작용을 통하여 방어적인 사고 및 행동 전략을 세우게 되면서, 이러한 사고방식이 불안장애의 원인이 되기도 한다.

부정적인 초기 경험은 생물학적 변화에도 영향을 주게 된다. 예를 들어 세로토닌 수송체의 s대립 유전자가 부정적인 애착을 경험한 이후에 불안장애의 원인이 되는 소인으로 작용하는 것이나, 외상 후 스트레스 장애 환자에게서 편도체의 과민성 등이 나타나는 것을 확인한 뇌영상 연구 등이 이를 뒷받침한다.

공포와 관련한 인간의 뇌 회로는 매우 가변적이어서, 불안장애의 발병률을 높이는 요인이기도 하다. 인간의 불안에 대하여 진화심리학에서는 다음과 같이 설명한다.

첫째, 인간이 만물의 영장이라고 하지만, 다른 육식동물에 비해 신체적으로는 취약하다. 그러나 인간은 사회적 집단생활을 통해 다른 종보다 월등한 위치를 차지했다. 하지만 사회적 집단생활은 사회적 서열의식이나 자원의 효율적 이용을 위한 사회적 화합이라는 새로운 과제를 주므로, 또 다른 불안을 만들어 내기도 한다.

둘째, 인간은 다른 동물에 비해 양육과 돌봄의 기간이 길고, 주양육자에 의해 양육과 돌봄이 결정된다. 따라서 주 양육자와의 애착에 문제가 있다면 아이는 쉽게 불안해진다.

셋째, 인간은 생존을 위하여 미래를 계속 예측해 나가야 한다. 미래에 대한 불안이 필수인 것이다. 미래에 대한 불안이 당연하기 때문에, 불안장애가 치료되어도 재발에 대한 우려가 남는다.

넷째, 현대 사회가 발전할수록 과거보다 훨씬 더 많은 사람과의 만남이 필요해졌다. 과거의 동물이나 재난에 대한 공포보다 새로운 인간 및 인간관계에 대한 공포는 점점 더 다양하게 증가하고 있다.

진화심리학적 관점에서 볼 때, 불안은 원래 적응적 형태로만 나타났지만 현대 사회에서는 불안장애로 발전할 만한 요인도 많아졌다. 불안과 공포는 나를 지키기 위한 본능이지만, 지금의 우리가 접하는 관계와 사회의 규모가 커지면서 불안과 공포의 대상과 규모도 더 확장되었다. 그만큼 우리는 불안에 점점 더 취약해질 수밖에 없는 것이다.

# 불안하고 겁이 많은
# 성격장애의 세 가지 유형

인간은 다양한 성격을 가지고 있는 만큼, 사회에 적응하며 살아가는 데 문제가 생기는 성격 장애도 다양하다. 미국 정신질환의 진단 및 통계편람에서는 성격장애를 A군, B군, C군, 기타로 나누었는데, 그중 불안이 높고 겁이 많은 성격장애를 집단 C로 분류하였다. 여기에는 회피성 성격장애, 의존성 성격장애, 강박성 성격장애 등 세 가지 성격장애가 속한다.

회피성 성격장애는 사회적으로 위축되어 대인관계나 사회생활을 피하는 것이 특징이다. 이들은 사회적으로 억제되어 있고 스스로 부적절하다고 느끼며 타인으로부터 부정적 평가를 받는 것에 매우 예민하다. 이들은 상대로부터 거절당하거나 배제되는 것에 매우 예민하여 확실한 보장이 없는 한 대인관계를 회피하려 한다.

사회불안장애가 있는 사람들과 매우 유사하다.

이들은 대인관계를 회피하거나 불안을 보이는 다른 성격장애와는 다르게 속으로는 타인과 친밀한 관계를 맺고 싶어 한다. 하지만 상대가 자신을 거부하지 않을까 지나치게 두려워하여 다가서지 못하고 회피하는 것이다. 즉, 대인관계를 원하지만 거절공포로 다가가지 못하는 것이기 때문에 자존감이 매우 낮다. 지나치게 내성적이고 대인관계 형성에 소극적이어서 실망과 모욕감을 자주 느낀다. 대인관계 상황에서 굴욕감을 경험하면 매우 괴로워하며 불안, 우울, 분노 등을 쉽게 드러낸다.

이들은 부적절감으로 사회생활에 제약을 받고 결과적으로 사람 대 사람으로 접촉이 필요한 직업을 가지기가 어렵다. 직업을 가지더라도 승진은 피하려는 경우가 흔한데, 책임지는 자리에 오른 후 동료들로부터 비난을 받을까 두렵기 때문이다. 어떤 집단에서든 동료들의 너그러운 지지와 보살핌을 반복적으로 받기 전까지는 집단활동에 참여하지 않으려 한다.

이들은 스스로를 사회성이 없고 인간적으로 매력이 없으며 타인들보다 열등하다고 믿는다. 이러한 증상은 유아기나 아동기에 수줍음, 고립감, 낯선 사람 앞이나 새로운 상황에서의 두려움으로 시작된다. 이후 청소년기, 성인기가 되면 사회적 관계가 중요해지면서 두려움도 더 커지게 되어 점점 더 수줍어하고 회피적인 모

습이 커진다. 사회불안장애가 동반되는 경우가 흔하고 광장공포
도 자주 동반된다.

의존성 성격장애는 타인으로부터 보살핌을 받으려는 과도한
욕구로 인하여 매사에 순종적이고 매달리는 행동 양상을 보인다.
자기 스스로 뭔가를 노력해서 얻으려 하지 않고 상대에게 의존하
려고 한다. 자신의 욕구마저 타인의 욕구에 종속시키고 그에 대한
책임도 상대에게 떠넘기려고 한다. 그래서 타인의 충고나 확신을
과도하게 요구하게 되고, 그러한 조언 없이는 스스로 판단을 내리
지 못해 일상에 어려움을 겪는다.

자신이 결정하고 개척해야 할 생활 부분에 대해서도 타인에게
책임질 것을 집요하게 요구하고, 지지와 칭찬을 받지 못할까 두려
워 타인의 의견에 반대하지 못한다. 그래서 스스로 계획을 세우거
나 어떤 일을 해내는 것을 힘들어한다.

타인의 인정과 지지를 받기 위해 불쾌한 일을 자원해서 하기도
한다. 어떤 특정한 사람과의 친밀한 관계가 끝나면 자기 스스로는
자신을 돌볼 수 없다는 생각에 괴로워하며 다른 관계를 급히 찾게
된다. 혼자 남겨지는 것에 대한 공포가 지나쳐서 상대에게 집착하
는 것도 특징 중 하나다.

청소년기에는 독립심이 자라고 반항심도 커지는 것이 당연하

지만, 이들은 청소년기에도 지나치게 순종적인 경우가 많고 분리불안장애 증상도 자주 보인다. 부모나 가족 등 애착 대상에게 주로 의존하지만, 때로는 혼자 있는 것을 두려워하여 믿을 수 없는 사람이라도 강한 애착관계를 새롭게 형성하기도 한다. 자신감이 부족하고 임무를 완수하려면 반드시 타인의 도움을 받아야 한다고 믿기 때문에 독립적으로 일하지 못한다. 공황장애나 광장공포와 같은 다른 불안장애나 주요우울장애, 기분저하증과 같은 기분장애가 흔히 동반된다.

강박성 성격장애는 질서, 완벽주의, 통제 등에 집착하는 것이 특징이다. 이들은 고집이 세고 완고하고 융통성이 없고 세밀한 것에 집착한다. 일에서도 내용의 세부규칙이나 목록, 순서 등에 지나치게 집착하여 정작 중요한 부분은 자주 놓치고, 완벽주의를 추구하지만 이런 완벽주의가 어떤 일을 완수하는 데에는 방해가 되기 쉽다. 여가 활동이나 친구와의 교제 등을 피하고 일이나 성과에 과도하게 집중하는 모습도 보인다. 지나치게 양심적이기도 하고 소심하며 도덕이나 윤리적인 측면에서는 융통성이라고는 찾아보기 어려울 만큼 엄격하다.

가치가 없는 물건인데도 버리지 못하거나, 자신이 하는 일에 정확하게 복종하지 않으면 같이 일하려 하지 않는 특징도 있다. 절대 자기 일을 타인에게 위임하지 않으려 한다. 자신과 타인에게 돈을 쓰는 데 매우 인색하고 돈을 미래의 재난에 대비하기 위한 수단으로 인식하는 경향이 강하다. 따라서 매우 경직되고 완고하게 보이기도 한다. 인정이 없고 질서, 규칙, 조직, 효율성, 정확성, 완벽함, 세밀함 등에 집착이 심하다. 결단력이 부족한 경우가 흔하고 딱딱한 일에 몰두하기 쉽다.

따뜻하고 부드러운 감정을 내보이는 데 인색해서 감정이 메마른 사람처럼 보인다. 이들의 대인관계는 수평적이지 못하고 지배와 복종만이 존재한다. 따라서 자신보다 직위가 아래에 있는 사람들에게 지나친 복종을 강요하기도 한다. 지나치게 완벽하려 하고 융통성이 없기 때문에 직업에서 실패하는 경우가 많은데, 드물지만 정확성과 반복행위가 요구되는 학자나 은행원으로 성공하기도 한다.

강박장애와는 다르지만, 강박장애 증상을 보이는 사람들의 70% 이상에서 강박성 성격장애의 특성이 보인다고 한다. 중년기 이후 우울증의 위험이 증가할 수 있으므로, 강박성 성격장애가 있다고 판단되면 이 부분도 유의해서 관찰해야 한다.


회피성 성격장애, 의존성 성격장애, 강박성 성격장애의 특성은 매우 다르지만, 공통적으로 겁이 많고 불안한 마음이 큰 데서 비롯된다. 성격은 오랜 시간에 걸쳐 만들어지는 정서, 사고, 행동양식인데, 그러한 성격의 특징이 극단적이거나 변형된 모습으로 나타나는 것이 성격장애다. 내면의 불안을 극단적이거나 왜곡된 형태로 표현하는 위와 같은 성격장애가 있는 경우 상당수가 불안장애를 동반한다. 성격장애는 정신치료가 주된 방법이다.

# 불안을 일으키는 신경전달물질

우리 뇌는 1,000억 개가 넘는 신경세포들이 보고 듣고 맛보고 느끼고 생각하는 모든 정보를 교환하면서 작동한다. 뇌에 전달되는 수많은 정보를 처리하기 위해서는 신경세포와 신경세포 사이를 이동하면서 정보를 전달하는 과정이 필요한데, 전기적 신호로 전달할 수 없는 정보를 전달하는 물질을 신경전달물질이라고 한다.

우리 뇌에는 수많은 신경전달물질이 있고, 이 물질들이 서로 영향을 주고받으면서 작용한다. 그중에서도 몇 가지 신경전달물질이 불안 및 불안장애와 관련된다. 우리의 기쁨과 슬픔, 불안과 우울이라는 감정이 신경전달물질의 반응이라고 볼 수 있는데, 과도한 불안으로 불안장애를 겪고 있다면 신경전달물질이 과다 분비되거나 부족하게 분비되는 경우거나, 신경전달물질을 전달받는 수용체에 문제가 있는지 의심해 볼 수 있다. 불안 및 불안장애와 관련되는 신경전달물질은 다음과 같다.

첫째, 글루탐산glutamate이다. 신경세포의 신호전달을 일으키도록 신경세포를 발화시키는 흥분성 물질이다. 뇌를 자극하여 뇌가 활동하게 돕는 것이다. 그러나 과다 분비되면 불안이 증가하는 대표적인 신경전달물질이다. 글루탐산은 뇌에 고루 분포하여 '가바'라는 물질과 서로 균형을 잡는 역할을 한다.

둘째, 가바(GABA, gamma amino nutyric acid, 감마아미노부틸산)다. 글루탐산과 반대로 신경세포의 세포 발화를 억제하는 작용을 한다. 일종의 뇌의 브레이크 작용을 하는 것이다. 불안을 잠재우는 데 중요한 역할을 하기 때문에 불안과 관련하여 가장 중요한 신경전달물질로 꼽힌다. 많은 항불안제가 가바와 유사한 역할을 한다.

셋째, 세로토닌serotonin이다. 뇌뿐만 아니라 장 등 많은 신체 장기에 분포한다. 뇌에서는 솔기핵raphe nucleus에 가장 많이 분포하는데, 솔기핵은 감정의 중추인 변연계와 연결된다. 세로토닌은 뇌에서 보상과 긍정적인 경험을 인식하여 차후에도 계속 해당 활동을 하게 만드는 역할을 한다. 기분 조절, 식욕·수면·성욕 조절은 물론 충동 조절과 연관된다. 그 외에도 스트레스 반응, 통증 반응,

체온 조절, 기억 등과도 관련된다.

만약 세로토닌 부족으로 긍정적인 경험을 인식하지 못하면 불안이 나타나기 쉬워진다. 좌측 전두엽은 '긍정 뇌'라고 불릴 정도로 긍정적인 인지적 해석과 관련된 부위인데, 세로토닌이 부족하면 이 부위가 잘 활동하지 못하여 긍정적으로 해석하는 작업에 지장을 받게 된다. 세로토닌은 대상회의 앞부분인 전방대상회에서도 중요하게 작용하는데, 전방대상회는 감정과 인지를 자연스럽게 변화시키는 역할을 하는 곳으로 문제가 발생하면 대안적인 생각과 행동을 취하게 돕는다. 따라서 이곳에 세로토닌이 부족하게 전달되면 감정적인 정보를 얻었을 때 문제 해결을 위한 대안을 찾는 작업에 실패하기 쉽다.

세로토닌은 대뇌에서 충동과 사고를 조절하는 역할도 돕는다. 세로토닌이 충분할 때 실행력이 올라가고, 생각만 하는 대신 정확한 결정을 내리는 높은 수준의 실행기능을 유지할 수 있게 된다. 반대로 세로토닌이 부족하면 긴장이 증가하는 상황을 마주했을 때 불안함이 커져 긴장을 해소하기 위해 갑자기 언어나 행동을 폭발적으로 휘두를 수 있다. 명료한 사고와 자기 조절에 실패하게 되면 분노발작이나 과음으로 불안을 표현하기 쉬운 것이다.

넷째, 아드레날린adrenaline이다. '에피네프린'이라고도 불리는데, 심박동 및 호흡과 관련된다. 아드레날린은 스트레스 반응 시스템을 자극하여 스트레스 반응이 지속되게 만드는 대표적인 신경전달물질이다.

다섯째, 노르에피네프린 norepinephrine이다. 에피네프린의 대사물로 '노르아드레날린'이라고도 불린다. 아드레날린과 유사하게 뇌를 각성시키는 역할을 하는데, 불안의 각종 증상을 일으키는 주요 물질이다. 자율신경계의 중추인 뇌교와 중뇌에 주로 분포하여 자율신경계를 자극하는 역할을 한다. 그 결과 혈압을 조절하고 다른 여러 신체 기관을 조절한다. 그 외에 기억과 집중력과도 관련된다.

스트레스를 받는 상황이 되면 노르에피네프린의 분비가 왕성해져 농도가 지속적으로 높게 유지되면서 범불안장애 증상 중 하나인 '과잉각성 hypervigilance' 상태가 된다. 기저핵에서는 놀람, 긴장 반응을 촉발시켜 회피 행동을 하도록 만들고, 변연계와 대상회, 좌측 전두엽의 각성 상태를 지속시켜 과잉 각성 상태를 유지시킨다. 공황발작이 일어났을 때 노르에피네프린은 투쟁-회피 반응의 일종으로 혈압을 상승시키기도 한다.

이처럼 노르에피네프린이 과잉분비되는 상태가 되면 주변 환경으로부터의 자극에 매우 예민해진다. 쉽게 긴장하고, 긴장을 풀지 못하며, 잠들기 어려워진다. 반대로 노르에피네프린이 부족하면 각성이 어렵고 집중력이 저하된다. 무력감 등의 우울 증상들이 나타나기 쉽다.

여섯째, 베타엔도르핀beta-endorphin이다. 이는 일종의 아미노산의 연합체인 펩타이드이다. 내생 모르핀이라고 부르기도 하는데 통증 감각을 줄여주는 역할을 하기 때문이다. 가장 중요한 역할 중 하나는 도파민의 분비를 자극하는 것이다. 포만감을 조절하는 역할도 한다.

일곱째, 도파민dopamine이다. 보상과 쾌락의 중추인 신경전달물질이다. 측좌핵에 많이 분포하고, 대뇌피질을 각성시켜 집중력을 유지하게 한다. 운동중추에서도 중요한데, 운동장애를 유발하는 대표적인 질병인 파킨슨병은 도파민이 매우 부족할 때 발병한다. 기저핵에 도파민이 작용하면 동기부여를 일으킨다. 즉, 목표를 달성하고 성취를 통하여 기쁨을 느끼게 만든다.

노르에피네프린의 과다 분비와 마찬가지로 도파민의 과다 분비는 매우 긴장된 상태를 유지시켜 예민하고 신경질적으로 만들기 쉽다. 동기부여가 과하고 에너지가 넘쳐 가만히 있지 못하기도 한다. 기저핵의 도파민은 위급한 상황에 분비되어 즉각적으로 반응하도록 돕는데, 뇌의 다른 부위와 협업해 재빠른 결정으로 행동을 하게 하여, 응급시에 적절하게 대처하도록 하는 것이다.

도파민은 기쁨을 느끼게 만드는 중요한 물질이다. 도파민이 부족하면 우울증의 위험성이 높아진다. 불안한 사람들, 특히 범불안장애 환자들은 기쁨을 느끼기 어려운 경우가 많다. 도파민이 부족하면 우울과 불안이 동반된 증상이 흔히 나타난다.

그러나 불안한 사람들의 경우 기쁨이 공포와 혼동되기 쉽다. 예를 들어 좋아하는 사람과 데이트를 하면 큰 기쁨이지만, 상대로부터 거절을 당하면 어떡하나 하는 불안도 커지기 쉬운 것이다.

이 외에도 도파민은 중독, 주의력결핍장애ADD, 정신증, 외상 후 스트레스 장애, 사회불안장애 등과도 관련이 많은 신경전달물질이다.


불안장애와 같이 신경전달물질의 과다분비나 부족이 심각한 경우 치료제를 통해 조절해야겠지만, 일상에서 불안이 높은 정도라면 신경전달물질의 분비와 관련된 식품을 섭취하는 것도 도움이 될 수 있다.

가바는 아미노산의 일종이므로 아미노산이 풍부한 식품을 골고루 섭취하는 것이 좋은데, 이는 주로 생선, 육류, 달걀 등에 들어 있다. 밀에도 함유되어 있지만, 앞서 불안을 일으키는 음식 편에서 살핀 것처럼 밀은 자주 섭취할수록 뇌를 자극하는 성분으로 탄수화물 중독을 일으킬 수 있으므로 권하지 않는다.

트립토판은 체내에서 세로토닌으로 변환되는데, 트립토판도 육류나 유제품의 단백질을 통해 섭취할 수 있다. 바나나, 귀리, 병아리콩도 효과가 있다고 전해진다.

카페인이 함유된 식품이나 당질이 높은 식품은 뇌의 각성을 자극해 도파민이나 노르에피네프린 같은 신경전달물질의 분비를 촉진한다. 도파민이나 노르에피네프린의 과잉 각성은 과잉 긴장과 불안을 유발하므로, 불안으로 힘든 상황이라면 이러한 식품의 섭취를 자제하길 권한다.

# 신경해부학적 불안의 근원 찾기 1.
## 중추신경계

우리 몸의 다양한 자극을 전달하는 물질이 신경전달물질이라면, 신호전달을 받는 세포는 신경세포라고 한다. 신경계는 뇌뿐만 아니라 우리 몸 전체의 기관을 말하며, 신경계는 신경세포로 구성되어 있다.

신경계는 크게 중추신경계, 말초신경계, 자율신경계로 나눈다. 중추신경계는 대뇌, 소뇌, 척수로 구성되며, 말초신경은 몸이 각부위에 존재하는 신경세포들로 이들은 모두 중추신경계와 연결되어 있다. 말초신경에서 받은 자극 정보가 뇌의 중추신경계로 전달되어 반응이 일어나는 것이다. 즉, 신경계는 외부의 다양한 자극을 인식하고 적정한 사고 및 행동 반응을 내보내고, 장기의 기능을 조절해 나가는 역할을 한다.

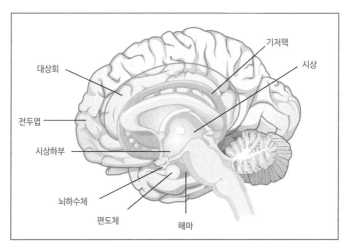

[그림] 전두엽, 변연계(편도체, 해마, 시상, 시상하부, 뇌하수체), 기저핵
(출처: https://commons.wikimedia.org/wiki/File:Figure_35_03_06.jpg)

중추신경계의 대뇌, 소뇌, 척수 중 불안과 관련되는 부분은 대뇌의 앞부분인 전두엽과 뇌의 맨 안쪽에 자리잡고 있는 편도체다. 물론 뇌의 여러 부분이 불안과 연결되지만, 이 두 부분이 중추가 된다.

전두엽 중에서도 앞부분을 전전두엽이라고 하는데, 이 부분은 대뇌에서 정보를 처리하고, 집중을 유지하며, 감각 정보의 의미를 해석하는 핵심 부분이다. 외부의 정보를 처리하는 중심 부분으로서 우측 전전두엽(우엽)과 좌측 전전두엽(좌엽)으로도 나누어 볼 수 있는데, 좌측 전전두엽의 안쪽에 있는 안와전두엽과 전방대상회가 변연계와 연결된다.

우측 전전두엽(우엽)은 타인의 표정과 목소리, 자세 등을 해석하는 과정을 통해 불안에 작용한다. 즉, 우측 전전두엽이 타인의 비언어적 표현을 부정적으로 인식한다면 불안을 유발하게 된다. 과거의 경험과 현재의 상황을 비교하여 감정의 적합도를 조정하기도 하는데, 이를 통해 위험 상황인지 알아차리고 어떤 감정을 낼 것인지 결정하는 역할을 한다. 우엽의 기능이 떨어지면 그렇지 않은 상황도 과도하게 부정적으로 해석하게 되어 사회불안장애를 일으키는 원인이 될 수 있다.

좌측 전전두엽(좌엽)의 안와전두엽은 작업 기억을 사용하여 일상을 가능하게 도우며, 편도체를 포함한 변연계에서 잠재적으로 위험하다고 보내는 신호를 기존의 정보와 비교하면서 분석하여 어떠한 반응을 할 것인지 결정하는 역할을 한다.

좌측 전전두엽의 전방대상회도 불안과 밀접한 관련이 있다. 대상회의 앞쪽 부분인 전방대상회는 변연계와 바로 인접해 있으며, 진전두엽과 변연계를 이어주는 연결고리다. 전전두엽의 인지 기능과 변연계의 위험 감지 기능이 대표적이라면 전방대상회는 인지와 감정의 변환을 조정해 주는 중재자 역할을 한다. 중재하기 위해서 각 뇌에서 수집한 정보를 통합하고, 현재 접한 문제에 대해 새로운 해결책을 찾도록 돕는다. 통합하고 협력하여 협상을 통해 문제를 해결하도록 돕는 핵심 기능인 것이다. 따라서 전방대상회의 신경 활동이 다양한 사고를 가능하게 하고, 하나의 생각에서 다른 생각으로의 전환을 용이하게 한다. 만약 전방대상회가 융통성 없이 특정 정보에 집착한다면, 문제 해결 능력이 감소하고 불안이 증가하게 되는 것이다. 그래서 전방대상회의 기능이 취약해질 경우 사고의 전이가 어려운 강박장애와 연관된다고 본다. 강박장애는 하나의 사고에서 벗어나지 못하고 문제 해결 능력이 취약해지는 질환이다.

전방대상회의 활동이 과부하되면, 뇌 전체가 불안해질 수 있다. 다양한 스트레스 상황에서 정보를 취합하여 객관적인 해결 방안을 찾고자 노력하는 곳이 전방대상회인데, 만약 스트레스가 과도하고 문제 상황이 계속해서 주어지면 전방대상회가 처리할 일이 너무 많아져 기능이 취약해질 수 있다. 컴퓨터를 사용할 때 너무 많은 프로그램을 한 번에 실행시키면 컴퓨터의 속도가 느려지고 과부하로 기능이 멈추기도 하는 것과 마찬가지다. 전방대상회가 과부하되면 생각의 전환이 어려워지고 문제를 다양한 시각에서 바라보면서 해결책을 찾는 기능이 떨어지다 보니, 고통과 실수만 곱씹게 만든다. 전방대상회의 회로가 잘 작동할 때는 쉽게 넘어가던 문제 상황도, 과부화된 상태라면 예민해져서 논쟁이 일어나기 쉽고, 생각이 고착되어 문제 해결도 어렵게 된다.

이처럼 좌측 전전두엽은 불안과 밀접하게 연관되는데, 정리하면 다음과 같다.

첫째, 정보를 분석한다. 좌측 전전두엽의 평가가 부정확하다면 불필요한 불안이 유발될 수 있다.

둘째, 경험을 해석하고 감정 상태를 조절한다. 만약 뇌의 다른 부위에서 입수된 정보나 과거의 정보를 비교하여 불필요한 불안 반응을 잠재울 수 있다. 환경에 집중하게 하는 능력이 있어, 이를 통해 주어진 상황을 객관적으로 관찰하여 불안의 도화선을 알게 함으로써 결과적으로 불안을 조절하게 돕는다. 이밖에도 다양한 기능을 통해 불안을 조절하는데, 만약 좌측 전전두엽이 잘못 기능하면 불안이 증폭될 수 있다.

좌측 전두엽의 핵심인 전방대상회와 바로 연결되는 다른 부위는 기저핵이다. 기저핵은 도파민 수용체의 최대 저장소다. 도파민은 보상, 흥미, 동기, 새로운 것에 대한 탐색 등과 관련되는 신경전달물질이다. 이러한 도파민의 영향을 크게 받는 기저핵은 에너지 그리고 사회적 활동에 관한 관심과 관련된다. 기저핵이 취약해지면 사회적 활동과 의욕, 동기부여가 저하되고, 심한 경우 사회불안장애와 연관된다고 본다. 때로는 일시적인 킨들링kindling 현상의 원인이 되기도 하는데, 이는 공황의 원인이 되기도 하고 지속적인 불안 상태의 원인이 되기도 한다. 여기서 킨들링 현상이란, 간질이 없던 동물의 뇌에 간질을 유발하지는 않을 정도의 전기 자극을 반복적으로 주면 결국 간질이 발생하게 되고, 이를 계속하면

추후에는 전기자극이 없을 때에도 간질이 발생하는 현상이다. 즉, 심각한 불안 상황은 아니더라도 불안한 상황이 꾸준히 지속되면 불안발작과 같은 증상이 나타날 수 있고, 차후에는 그러한 불안 요소가 없는 상황에서도 발작 증세가 일어날 수 있다는 것이다.

기저핵은 뇌의 가장 아랫부분에서 대뇌와 연결되는데, 대뇌피질에서 전달받은 정보를 하부의 시상으로 전달하고, 시상에서 처리한 정보를 다시 대뇌피질로 전달한다. 기저핵의 한 부위인 측좌핵은 특히 불안과 관련되는데, 이곳에서 대뇌피질의 정보를 받고 이를 변연계와 연결하기 때문이다. 이곳 측좌핵에 보상의 신호를 주는 신경전달물질인 도파민이 풍부한데, 측좌핵의 활동이 증가하여 도파민을 통해 흥분성 자극을 보내면, 이 자극이 전방대상회에 전달되어 이 자극을 해석하게 하고, 좌측 전전두엽을 거쳐 특정 행동을 취하도록 신호를 전달하게 된다.

기저핵에는 신경전달물질인 가바GABA도 풍부하다. 도파민이 흥분성 전달물질이라면 가바는 억제성 전달물질로, 대뇌 활동을 진정시켜 불안을 잠재우는 역할을 한다. 도파민이 적절하게 전달되면 의욕을 고취시키고 에너지를 일으키게 만들지만, 과다하게 전달되면 가바가 분비되어 뇌를 편안하게 해주는 조절 기능이 이루어진다. 만약 가바를 내보내는 기저핵의 기능이 떨어진다면 어떻게 될까? 기분과 인지가 어긋나는 부정성이 증가한다. 예를 들어 변연계와 기저핵이 지나치게 과활성화되어 가바로 조절하기 어려운 상황이 되면, 사고가 대단히 부정적으로 이루어져 불안도가 증가한다. 흥분과 공격성도 증가한다. 기저핵의 과활성으로 분노 조절이 어렵고 긴장이 높아진 상태가 지속되어, 불안을 근원으로 하는 공격성이 드러난다.

긴장 상태가 이어지기 때문에 쉽게 놀라고 조바심을 내기 쉬우며 작은 변화나 스트레스에도 과잉반응을 보이게 된다. 몸이 흔들리거나 공황발작도 나타나기 쉽다. 기저핵이 운동조절기능을 가지고 있는데, 불안한 상황에서 몸이 떨리는 것이 이 때문이다. 기저핵의 지나친 흥분은 공황발작과 같은 불안발작의 도화선이 되기도 한다.

불안과 관련되는 뇌의 각 부위를 보면, 적절한 자극과 적절한 안정이 모두 필요하다는 것을 알게 된다. 뇌의 각 부위에서 작용하는 신경전달물질의 내용으로 보아도, 도파민이 과도하면 불안을 일으키지만, 도파민이 부족하면 우울감이 커질 수도 있다. 결국 뇌에 자극이 되는 정보, 즉 다양한 스트레스 상황을 적당히 조절하려는 노력이 필요하다. 과도하고 지속적인 자극을 줄이고, 업무나 생활에 집중하더라도 중간중간에 뇌를 쉬게 하는 시간을 가져야 한다. 수면을 통해서도 뇌는 리부팅되므로, 수면의 리듬이 깨지지 않도록 수면시간과 카페인을 조절하는 노력도 중요하다.

# 신경해부학적 불안의 근원 찾기 2.
# 변연계

**앞**서 살핀 것처럼 불안의 중추 중 가장 중심축은 변연계, 그 중에서도 편도체다. 중추신경계의 각 주요 부위가 변연계, 특히 편도체와 연결되어 불안을 조절해 나간다. 변연계가 지나치게 흥분하게 되면 쉽게 놀라고 두려워하고 부정적으로 되면서 불편한 상태에 놓인다. 변연계는 시상, 시상하부, 편도체, 해마 등으로 구성되어 있다. 이들 부위는 서로 연결되어 있으면서 동시에 전방대상회와 안와전두엽과 연결되어 정보와 신호를 주고받는다. 각 부위는 기능이 다르며, 각 기능에 따라 서로 다른 양상으로 불안과 연관된다.

시상은 외부의 자극을 처리하여 이를 대뇌피질, 시상하부, 편도체에 전달한다. 시상에서 정보를 적절히 전달하지 못하는 경우 공황이나 불안의 도화선이 된다.

시상하부는 내부의 자극을 처리하여 스트레스 반응을 일으킨다. 스트레스 호르몬인 코르티솔의 분비를 자극하는 코티코트로핀방출인자CRF의 분비를 촉진하는데, 이를 통해 불안한 상황에서 다양한 신체 증상이 나오게 된다.

편도체는 감정의 정도를 결정한다. 공황장애가 있는 경우 특히 이 부분과 연결된 문제라고 보기도 한다. 편도체는 위험을 감지하는 주요 부위인데, 편도체가 과부화되면 기분 저하는 물론 부정성과 위협을 지나치게 크게 인식하고, 상대의 얼굴 표정에 민감하게 반응하여 거절에 대한 공포가 올라가거나, 수치나 창피함에 지나치게 예민해질 수 있다.

편도체는 뇌의 조기 경보체계와 같다. 편도체는 외부환경의 변화를 항상 주시하고 위협이 없는지 확인한다. 감각기관들은 정보를 편도체로 보내고, 편도체는 이들 정보에 대한 감정을 '위험한 것, 불쾌한 것, 조심해야 할 것' 등으로 결정한다. 편도체는 이런 결정을 내림과 동시에 스트레스 반응을 일으킨다. 자율신경계가 작동하도록 명령하여 외부의 자극에 대하여 즉각적으로 반응하게 만든다. 편도체는 몇 개의 부위에 빠른 신호를 전달하는데, 이들 부위가 불안의 다양한 신체 증상의 기초가 된다.

예를 들어 팔옆핵parabrachial nucleus, PBN을 자극하여 숨이 가

빠지고, 시상하부를 자극하여 스트레스 호르몬의 분비가 촉진되며, 중뇌수도 주변 회백질periaque-ductal grey matter, PAG을 자극하여 얼어붙게 만들고, 뇌교pons를 자극하여 노르에피네프린의 분비를 촉진시켜 혈압을 올리는 등 스트레스에 대한 반응 행동이 나오도록 준비하게 만든다.

흥미롭게도 대뇌피질과 편도체의 연결고리를 살펴보면, 편도체에서 대뇌피질로 연결된 회로의 수가 대뇌피질에서 편도체로 오는 회로보다 더 많다. 응급 상황에서 편도체의 결정이 대뇌피질로 하여금 빠른 반응을 취하도록 신호를 강력하게 보내야 하기 때문일 것이다. 대뇌피질이 행동을 취하도록 움직이는 기관이므로, 위협의 상황이 되면 편도체에서 두려움의 신호를 대뇌피질로 보낸다. 행동은 대뇌피질에서 보내는 신호지만, 대뇌피질을 움직이게 만드는 것, 불안의 현상 및 증상을 일으키는 중추는 결국 편도체인 셈이다.

해마는 단기기억과 관련되는 부위로, 다양한 감정에 반응하는 기억을 만들어 대뇌에 어떤 상황에서 어떤 반응들이 나타났는지를 저장한다. 편도체에 의하여 만들어진 불안과 같은 감정과 관련된 세부사항을 기억으로 저장하는 것이다.

해마는 외상 후 스트레스 장애와 관련되는데, 사건이 있었던 날과 관련한 상황 정보, 위치, 공간기억, 냄새와 같은 정보들을 대뇌피질에 전달하여 저장하고 렘수면을 통하여 정보를 처리한다. 이렇게 저장된 기억으로 인하여 외상 후 스트레스 장애의 특징적 증상인 플래시백(회상) 증상이 나타나게 된다.

변연계는 대뇌피질과 중요한 연결고리를 가지고 서로 조절하는 작용을 한다. 이들 연결고리가 건강할수록 정상적인 불안을 경험하기 쉽고, 실제 위험이나 위협에 대해서도 잘 견디는 힘을 가지게 된다. 반대로 그 연결고리에 문제가 생기면 쉽게 불안해지고 각종 불안 반응과 증상들이 쉽게 나타나게 된다.

변연계는 위험과 위협으로부터 우리 자신을 지키게 만드는 가장 핵심 부위지만, 변연계가 과부화되거나 민감해지면 작은 일이나 위험이 아닌 상황을 위험하다고 해석할 수 있다. 변연계를 안정시키기 위해 일상에서 휴식과 좋은 경험들을 쌓아 나가는 것을 추천한다. 즐거운 식사, 즐거운 대화, 나만의 취미, 운동 등을 통해 기분 좋은 순간의 공간, 시각, 육체적 감각을 기억하게 하고, 그러한 기억들을 많이 쌓고 그 회로를 강화시켜 나가는 것이다. 육체적으로 취약해지면 뇌의 불안 회로가 자주 자극될 수 있으므로, 일상의 건강한 식사, 운동, 활동의 기본 생활을 지키면 뇌의 안정 및 건강으로 이어진다는 것도 기억하길 바란다.

## 신경해부학적 불안의 근원 찾기 3.
## 자율신경계

일상에서 우리는 비교적 단조로운 루틴을 따라 산다. 이때 우리 몸에서는 심장박동이 평온하고 혈관이 느슨해지고 혈압이 일정 수준을 유지한다. 그런데 시험이나 발표와 같은 중요한 상황을 앞두면, 우리의 몸은 전쟁을 준비하듯 몸을 긴장시킨다. 아드레날린이 분비되면서 몸의 곳곳에 위험 신호를 알리면, 심장 박동이 빨라지고 혈관이 좁아지면서 혈압이 올라간다. 도파민이 분비되면서 중요한 일에 집중하게 만든다. 위기의 상황에 잘 대응할 수 있도록 우리 몸을 최적화시키는 것이다.

이처럼 교감신경과 부교감신경을 통해 이완과 긴장의 상태를 오가게 만드는 것이 자율신경계이다. 그런데 만약 긴장 상황이 아닌데 긴장 상황이라고 뇌에서 잘못 해석하거나, 또는 긴장 상황이 너무 오래 지속되면 우리 몸의 각 기관도 스트레스에 대항하는 시간이 길어짐에 따라 점차 기능들이 지칠 수 있다. 전쟁이 오래 지속되면 병사들이 지치는 것과 같다.

불안으로 인한 많은 신체 증상이 자율신경계에서 시작된다. 자율신경의 중추는 시상하부다. 위기를 감지하는 편도체와 밀접하게 연결되어 있는 시상하부는 스트레스를 받으면 시상, 뇌하수체, 부신의 세 축을 활성화시킨다.

스트레스를 받으면 자율신경계는 이에 대응하기 위해 가장 먼저 시상하부에서 코르티솔의 분비를 자극하는 코티코트로핀방출인자CRF의 분비를 명령한다. 코르티솔은 대표적인 스트레스 호르몬으로, 시상하부에서 코르티솔을 분비하라고 전달병을 보내는 것이다. 코티코트로핀방출인자를 전달받은 뇌하수체는 부신피질자극호르몬adrenocorticotropic hormone, ACTH을 분비하여 부신피질로 다시 전달한다. 부신피질은 신장의 옆에 붙어 있는 작은 내분비샘이다. 부신피질자극호르몬을 전달받은 부신피질은 드디어 부신피질호르몬을 내보내는데, 이 부신피질호르몬이 바로 아드레날린과 코르티솔이다. 즉, 시상하부에서 뇌하수체로, 뇌하수체에서 부신피질로 각 부위가 위험 신호를 전달받으면서 스트레스 호르몬을 내보내는 것이다.

우리가 흔히 자극을 받으면 "아드레날린이 솟는다"라고 말하는

데, 실제로 이 호르몬은 스트레스에 대항하여 투쟁하도록 에너지를 솟게 만든다. 코르티솔도 지방과 당분의 분비를 자극하여 스트레스에 저항할 에너지를 만들어낸다. 뇌에서는 이를 응급상황으로 생각하기 때문에 이런 작업은 매우 빨리 일어나고, 중간에 네거티브 피드백negative feedback이 일어나면 서로 분비량을 조절하기도 한다. 즉 뇌에 아드레날린과 코르티솔이 충분하다는 신호가 감지되면 이들 호르몬의 분비가 정상화되어 멈추게 되는 것이다. 그러나 스트레스 상황이 지속되면 혈중 코르티솔 분비량이 많은 상태가 이어지게 된다.

이처럼 아드레날린과 코르티솔은 우리 몸이 잘 싸우도록 돕는 호르몬이다. 하지만 코르티솔의 혈중 농도가 높으면 신경세포가 사멸될 수 있고, 특히 뇌세포 중에서도 해마 세포에 손상을 입힐 수 있다. 아드레날린의 경우에도 혈중 농도가 지나치게 올라가 있으면 몸의 흔들리고 근육이 약해질 수 있다. 긴장 상태가 이어지기 때문에 장으로 흐르는 혈류량도 줄어 소화불량도 유발한다.

자율신경계가 지나치게 활성화될 때 또 다른 문제점은 면역기능의 변화다. 위기 상황이라 인식한 면역기능이 폭주하게 되면서 다양한 신경전달물질들 즉, 세로토닌, 도파민, 노르에피네프린 등이 과하게 분비되다 마침내 고갈된다. 그렇게 면역 기능이 소진되면 면역력이 떨어져 쉽게 병에 걸리게 되고 신경전달물질 공급의 불균형 상태를 초래하게 된다. 불안이 중요 신경전달물질의 고갈과 관련된다는 것은 이를 통해서도 알 수 있다.

어린 시절 트라우마를 경험한 사람들은 이러한 시상하부-뇌하수체-부신축이 지나치게 예민해져 있다. 그래서 작은 스트레스나 자극에도 자율신경계가 쉽게 활성화되는 것이다. 공황장애 환자들도 마찬가지다. 이들이 경험하는 불안의 각종 신체 증상들인 가슴 두근거림. 호흡곤란, 몸의 떨림 등은 자율신경의 과활성으로 인한 것이다. 그래서 과거에는 많은 공황장애 환자들이 '자율신경 실조증'이라는 진단명을 받기도 했다.

반대로 어린 시절, 결정적 시기에 긍정적인 경험을 쌓으면 스트레스나 위협에 적절히 반응하도록 도울 수 있다. 동물 연구에서도 출생 후 적절한 양육이 스트레스에 대한 행동과 내분비계 반응을 발전시키는 데 매우 중요하다고 보고한다. 부신피질에서 분비되는 스트레스 호르몬의 하나인 당질 코르티코이드의 분비를 억제시켜, 당질 코르티코이드로 인한 해마 손상을 줄일 수 있다고 본다.

당질 코르티코이드는 스트레스 반응시 쥐와 같은 동물에게서는 코르티코스테론의 형태로, 인간에게서는 코르티솔의 형태로 분비되어 자율신경계의 시상하부-뇌하수체-부신축을 조절한다.

따라서 어려서 적절한 양육으로 긍정적인 경험을 쌓으면 뇌에서 스트레스에 대항할 힘을 비축하는 것이다.

이는 반대로 어린 시절 양육과 돌봄을 통한 상호작용에 문제가 있었다면 오랜 기간 코르티솔 분비 자극 호르몬이 상승된 상태가 이어졌을 것이고, 이것이 성장 이후에 불안 증상으로 나타날 수 있음을 예견하는 지표가 되기도 한다. 어린 시절의 안정된 양육 환경과 애착의 경험이 성인이 되어서 스트레스 상황을 이기고 불안을 조절하는 데에도 매우 중요하다는 것을 다시 한번 알려주는 연구 결과다.

# 항불안제 개발에 이용되는 동물 모델

사람은 불안과 같은 감정을 언어적 표현이나 비언어적 표현을 통해 드러내기 때문에 이를 알아낼 수 있지만, 동물의 경우 불안의 모양을 알아내기가 쉽지 않다. 그러나 항불안제를 개발하려면 1차적으로 동물실험을 거치기 때문에 불안의 동물 모형을 알아내는 것은 항불안제 개발을 위한 필수 과정이다.

불안에 관한 동물 모형을 위해 가장 대표적인 연구 대상으로 삼는 것은 쥐의 사회적 활동이다. 쥐가 능동적으로 사회적 행동을 하는지 조사하여, 능동적으로 사회 활동을 많이 하는 쥐는 불안이 적고, 그렇지 못한 쥐들은 불안이 높다고 판단하는 것이다.

쥐의 사회적 활동을 연구하기 위하여 쥐들을 특정 조명의 시험 상자에 가두고 활동을 관찰하고 기록한다. 일반적으로 쥐들은 적당히 낮은 조도와 적정한 크기의 시험상자일 때 가장 활동을 오래 한다. 너무 밝거나 시험상자의 크기를 극단적으로 크게 하면 활동이 감소한다. 이러한 기본 활동 모형을 알아챘다면, 쥐에게 항불안제를 투여한 뒤 스트레스가 되는 환경 변화를 주고 활동량의 변화를 측정하면서 항불안제의 효과 여부를 판정하게 된다.

고가 십자미로실험elevated maze test도 동물들의 불안을 측정하는 대표적인 실험이다. 십자형으로 배치된 판을 높은 곳에 설치한후, 실험 대상인 쥐를 십자 미로 위에 놓고 쥐들의 활동을 측정하는 것이다. 불안이 높은 쥐들은 십자 미로에서 잘 움직이려 하지 않는다. 높은 곳에 설치되어 있어 잘못 돌아다니다가 떨어질지 모른다는 불안 때문이다. 반대로 불안이 높지 않은 쥐들은 좀 더 활발히 움직인다. 이러한 움직임을 관찰하여 쥐들의 불안의 정도를 측정하는 것이다.

고전적 학습효과를 이용한 겔러-시프터Geller-Seifter의 충돌 동물 모델도 흥미로운데, 이는 쥐가 레버를 눌렀을 때, 먹이라는 '보상'이나 전기 충격과 같은 '벌'이 랜덤으로 나오는 상황을 만들고 쥐의 반응을 본다. 불안이 높은 쥐들은 레버를 누르는 데 신중한 반면, 불안이 높지 않은 쥐들은 전기 충격과 같은 벌이 나타날 가능성에도 불구하고 레버를 더 자주 누르는 모습을 보인다.

사회적 활동을 지속해 나가는 것, 위험 상황에서도 문제를 해결하기 위해 노력하는 것, 위기가 있을 수 있지만 가능성을 위해 계속 도전해 나가는 것이 불안이 낮은 동물들의 공통적인 모습이다. 불안이 높은 동물에게 항불안제를 투여하여 이러한 긍정적 결과를 유도할 수 있게 되면, 항불안제가 효과가 있다고 볼 수 있다.

인지 기능이 뛰어난 우리는 이러한 결과를 통해 불안에 강해지려면 어떠해야 하는지 짐작할 수 있을 것이다. 우리가 사는 세상은 사람과 사람이 계속 만나고, 문제를 해결해야 하고, 도전해야 보상과 발전이 주어진다. 앞서 다룬 자가진단 체크리스트들을 통해 자신의 모습을 객관적으로 인지했다면, 불안을 높이는 다양한 원인들을 파악하고 이러한 자극들을 하나씩, 그리고 꾸준하게 경험해 나가면서 불안을 낮추는 훈련을 이루어 나갈 수도 있다. 나의 불안을 자극하는 것들을 자처해서 경험하기란 쉽지 않지만, 작은 파도를 경험하는 훈련이 되면 큰 파도에도 대응할 수 있는 힘이 생길 수 있다.

# 불안은 몸, 마음, 행동을
## 지배합니다

# 불안한 사람들이 보이는
# 망상적 걱정

불안한 사람은 걱정을 많이 하며 지낸다. 누구나 살다보면 걱정스러운 일이 생기기 마련이어서 걱정스러운 생각, 불안한 마음을 갖는 것을 어떻게 병이라고 할 수 있을까 싶기도 할 것이다.

걱정은 불안의 인지 증상 중 하나다. 불안하니 머릿속에서 걱정을 많이 하게 되고, 걱정이 많아지니 불안한 마음이 커지는 악순환이다. 건강에 대한 염려도 마찬가지다. 자신이 큰 병에 걸릴까 두려운 나머지 자신이 이미 나쁜 병에 걸렸다고 믿기도 한다. 불안장애가 있는 사람들은 치료를 받으면서 불안한 마음을 가라앉히니 걱정하는 생각도 줄었다고 말한다. 과도한 걱정도 치료가 필요한 병일 수 있다.

특히 이들에게 걱정은 의지적으로 안 하려고 해도 빠져나오기 힘든 강박적 사고의 흐름이다. 집착하듯 걱정하는 사고가 몰아친다. 그래서 불안한 마음을 호소하는 사람들은 걱정을 안 할 수가 없다고 말하는 것이다.

티베트에는 "걱정해서 걱정이 없어지면 세상에 걱정이 없겠네"라는 속담이 있다고 한다. "해결될 문제라면 걱정할 필요가 없고, 해결이 안 될 문제라면 걱정해도 소용없다"라는 속담도 있다. 그만큼 걱정은 별 의미가 없는 것이지만, 하기 싫다고 하지 않기조차 쉽지 않다.

걱정은 인지왜곡에서 비롯된다. 사실과 다르게 상황을 바라보거나, 사고의 흐름이 계속 부정적인 방향으로 흘러가는 것이다. 불안한 사람이 자주 하는 부정적 인지왜곡 중 대표적인 것은 자신에게 나쁜 일이 일어날 확률이 높다고 생각하는 것이다. 즉, 아이가 조금 늦게 들어오면 사고가 나지 않을까 걱정하고, 전염병이 돌면 나도 걸리지 않을까 걱정하면서 어떤 불행한 일이 내게 일어날 확률이 매우 높다고 생각한다. 그러니 늘 걱정될 수밖에 없다. 그러나 현실은, 걱정하는 것들의 90%가 일어나지 않는다. 90% 이상도 일어나지 않는다.

불안한 사람들이 자주 하는 부정적 인지왜곡의 두 번째는 자신을 과소평가하는 것이다. 어떤 일이 일어나면 자신이 그 일을 극복할 수 없다고 생각한다. 우리는 살면서 다양한 일을 경험하게 되는데, 그중에는 좋은 일도 있지만 나쁜 일도 있다. 그럴 때 자신은 나쁜 일을 스스로 이겨낼 능력이 부족하다고 믿어서 큰일처럼 여기고 걱정한다.

불안한 사람들은 자신이 걱정을 하기 때문에, 그런 걱정스러운 일들이 실제로 일어나지 않는 것이라고 믿기도 한다. 일어날 일이 었는데 자신이 걱정해서 일어나지 않았다는 것이다. 이들은 자신이 걱정하는 행동이 불행에 대한 대비 또는 준비라고 믿는다.

물론 우리는 위험에 대비해야 한다. 그러나 '걱정'과 '대비'는 다르다. '걱정'은 불안한 상태에서 머릿속에서 일어나는 의식으로, 위기를 막기 위해 준비하는 '대비'와는 다르다. 어떤 일을 대비하려면 명료한 정신으로 자신의 지식과 지혜를 모아 대응책을 마련해야 하고, 대응책을 마련했다면 불안의 정도가 줄어야 한다. 그러나 불안이 높은 사람들은 명료한 사고를 통해 적절한 대비를 하는 것이 아니라 걱정하는 것 자체에 시간을 보낸다. 적절한 대응책이 나오지도 않는다. 걱정이 일어날 일을 막은 것이 아니라 걱정으로 몸과 마음에 계속해서 나쁜 영향을 만들고 있음을 이해해야 한다.

걱정은 다음과 같은 나쁜 영향을 준다.

첫째, 걱정은 불안을 줄이는 것이 아니라 증폭시킨다. 불안해서 시작한 걱정거리가 불안을 증폭시키는 악순환을 만든다.

둘째, 걱정하느라 많은 시간을 허비하게 된다. 시간은 누구에게나 공평하게 주어졌다. 불안을 가중시키는 걱정으로 하루의 대부분을 허비하는 것은 아까운 일이다.

셋째, 걱정은 인간의 안녕과 행복에 절대 도움이 되지 않는다. 걱정하느라 시간을 써버리면 정작 행복에 도움이 되는 일을 하지 못하고, 위험의 확률만 높게 평가하느라 불행한 마음만 쌓여간다.

걱정을 줄이고 싶다면 다음의 노력이 도움이 된다.

첫째, 걱정하는 사건에 대한 진실을 객관적으로 이해한다. 걱정하는 행위는 대비가 아니라 일종의 강박적 사고다. 불안을 일으키는 사고의 흐름일 뿐 나쁜 일에 대한 대비가 아님을 인지한다. 걱정은 위기를 예방하는 노력이 아니라 나와 주변을 힘겹게 만들 뿐이다.

둘째, 걱정하고 두려워하는 그 일이 실제 일어날 확률을 냉정하게 평가한다. 객관적으로 그 일이 실제 일어날 확률은 어느 정도인가? 과연 어떤 상황이 최악인가? 최악의 상황은 얼마나 자주 일어나는가? 이런 질문들로 문제를 따져 본다. 인생은 완벽하지 않기에 어려운 일도 닥칠 수 있다. 그러나 누구의 인생이든 나쁜 일,

최악의 상황만 몰아서 일어나지는 않는다.

셋째, 자신의 능력을 객관적으로 파악하고, 자신과 주변 사람들을 신뢰한다. 살다 보면 관계에서든 업무에서든 힘겨운 상황을 만나기 마련이다. 그러나 과거의 경험을 돌아보면, 분명 자신은 그런 상황들을 이겨내 왔다. 그런 경험이 없더라도 이겨낼 수 있는 지혜를 키우며 성인으로 성장했다. 자신의 힘만으로 이기기 어렵다면 도움을 청할 가족, 친구, 친지가 있다. 걱정만 하지 말고 자신의 능력을 객관적으로 파악해 보자. 주변 사람들도 신뢰해 보자.

넷째, 걱정하는 시간을 줄이고 현실 생활에 집중한다. 대부분의 걱정은 미래에 벌어질 일에 관한 것이다. 미래는 알 수 없다. 미래를 위해 할 수 있는 일은 단순하다. 지금 주어진 현재를 열심히 사는 것이다. 미래에 걱정되는 일을 막을 수 있는 것은 현재 나의 행위다. 건강이 걱정되면 운동을 하고, 빈곤이 걱정되면 성실하게 일하며 저축한다. 걱정하며 보낼 시간에 뭔가에 집중할 일을 찾으려는 노력이 필요하다.

다섯째, 다른 집중할 것들을 찾아본다. 머릿속에서 두 가지를 동시에 생각하기는 불가능하다. 그래서 걱정이 많다면 다른 일들을 머릿속에서 처리함으로써 걱정을 줄일 수 있다. 취미나 운동, 일들이 여기에 해당한다.

그런데 이를 반대로 적용하여, 당장 고민하고 걱정해야 할 일이 있는데도 이 문제를 회피하려고 사소한 걱정거리를 찾아 거기에 집중하는 사람이 있다. 진짜 중요하고 고통스러운 문제를 생각하기가 괴로워서 사소한 걱정거리로 도피하는 것이다. 이것 또한 도움이 되지 않는다. 근원적인 문제, 큰 문제는 무의식 속에 계속 남아 있기 때문에 사소한 걱정하기로 도피한다고 해서 없어지지 않는다. 그럴 때는 문제에 직면해서 해결할 방법을 찾고, 해결할 수 없는 문제라면 그 문제를 받아들이는 것이 정신 건강에 더 도움이 된다.

물론 이러한 팁들은 불안이 심한 경우, 즉 불안장애 수준의 걱정에서는 스스로 적용하기가 쉽지 않다. 그래서 전문가의 도움이 필요하다. 실제로 환자들이 전문치료자를 통해 도움을 받는 방법들을 이 책의 '인지행동치료' 부분에 담아 놓았다. 심한 경우 인지행동치료에 약물 치료가 병행되지만, 일상의 사고 흐름을 바로잡으려 노력하는 것만으로도 큰 도움을 받을 수 있다.

# 불안한 사람들의 그릇된 생각, 인지왜곡

불안이 높은 사람들은 크게 세 가지 증상을 보인다. 부정적인 사고의 흐름을 보이는 인지 증상, 불안에 따른 자율신경계 등의 작용으로 나타나는 복통이나 숨가쁨 등의 신체 증상, 불안한 상황을 피해 불안을 직면하지 않으려는 행동 증상이다.

그중 가장 흔한 상황이 바로 인지 증상이다. 앞서 살펴본 바대로 불안이 높은 사람은 걱정도 많다. 미래의 일을 앞서서 걱정한다. 그런데 현재 주어진 상황도 부정적으로 해석하는 경향이 있다. 예를 들어, 오늘 아침 부장님이 출근길에 접촉사고를 당해 기분이 안 좋은 채 출근하고 있다. 마침 신입사원 A가 부장님을 마주치고 인사를 드렸는데, 부장님이 인사를 받는 둥 마는 둥 지나쳤다. 이때 대부분은 '부장님이 오늘 무슨 일이 있으신가 보네'

라고 생각하고 넘긴다. 자신에 대한 비난이나 질책의 행동이 아니라, 그냥 그 상황을 있는 그대로 보고 넘기는 것이다. 그런데 불안이 높은 사람은 '부장님 나 미워하시는구나, 어제 퇴근할 때 올린 보고서가 마음에 안 드셨나?'라는 식의 부정적 생각을 하기 시작한다. 심지어 부정적 사고가 꼬리에 꼬리를 물고 확장한다. 그 상황을 나에게 적용해 내 문제로 만드는 것이다. 불안한 마음도 눈덩이처럼 커지기 시작한다.

이처럼 불안이 높은 사람은 같은 상황도 부정적으로 해석하는 경우가 많다. 미래의 걱정이나 과거의 부정적 경험들도 계속해서 곱씹는데, 인지왜곡이라고 부르기도 하는 이러한 사고 습관이 인지 치료의 대상이 된다.

불안이 높은 사람들이 자주 하는 사고 흐름의 대표적인 유형은 다음과 같다.

첫째, 선택적 사고 또는 선택적 추상화를 한다. 정보의 일부만 가지고 전체로 받아들인다. 심지어 상황 전체가 주어져도 일부만 보고 확신한다. 눈을 가린 채 코끼리를 만지게 했을 때 천천히 코끼리 전체를 만지고 정보를 파악하려는 것이 아니라, 배만 만지고서는 코끼리가 벽과 같다고 말하고 코만 만지고서는 원통처럼 생겼다고 말하는 식이다. 공황장애가 있는 사람들이 가슴 통증을 느끼면 이 증상이 심장질환의 하나라는 정보에만 몰입해 자신이 심장질환으로 죽을지 모른다고 믿는 오류와 비슷하다.

둘째, 과일반화다. 이는 머피의 법칙과 같다. 한두 번 겪은 일을 두고 마치 항상 그런 것처럼 부풀려 해석한다. 살다 보면 안 좋은 일이 일어날 수 있다. 사고도 일어날 수 있다. 그러나 불안한 사람들은 자신에게 늘 그런 일이 반복된다는 그릇된 과일반화로 자신에게 또 어떤 안 좋은 일이나 사고가 일어날까 두려워한다.

셋째, 개인화다. 자신과 직접 관련 없는 것도 자신과 연관 지어 생각한다. 진료실에 온 한 공황장애 환자는, 야구장에서 선수가 쓰러지는 걸 봤는데 자신도 그렇게 쓰러지면 어떻게 하느냐고 내게 물었다. 그 선수와 본인이 무슨 관계냐고 물었더니 그냥 뉴스에서 들은 것이며, 건강한 선수들도 쓰러지는데 자신처럼 약한 사람은 더 잘 쓰러지지 않겠냐고 했다. 이처럼 자신과 아무 관련 없는 일을 자신과 연관해서 생각하는 것이 불안한 사람들의 부정적 생각 패턴 중의 하나다.

넷째, 흑백논리적 사고다. 검은 것 아니면 흰 것밖에 없다는, 일종의 '전부 아니면 전무all or nothing'의 생각 오류다. 불안한 사람은 건강하지 않으면 병든 것이라고 생각한다. 사실 우리 몸은, 병까지 진행되지는 않았지만 일시적으로 불편한 증상을 느낄 수 있다. 몸에서 컨디션을 챙기라고 신호를 보내는 것인데, 조금 무리하면 일시적으로 이러한 증상을 종종 경험하게 된다. 그럴 때 대다수의 사람은 식단이나 식사량을 조절하고, 일찍 들어가 쉬거나, 긴장을 풀기 위해 가벼운 운동이나 스트레칭을 하며 이완하고, 그날의 업무량을 조금 줄이는 등으로 몸의 컨디션을 조절해 나간다. 그런데 불안한 사람들은 작은 증상만 있어도 곧 병이 있는 것이라고 굳게 믿고 걱정을 키운다. 온갖 증상을 검색하고 자신에게 심각한 병이 있음을 발견해 줄 병원을 찾아다닌다.

다섯째, 과장과 축소다. 어떤 부분은 매우 과장되게 해석하고 어떤 부분은 매우 과소평가하는 식이다. 예를 들어 범불안장애가 있는 사람들은 나쁜 일이 자신에게 일어날 확률이 아주 높다고 생각한다. 그래서 뉴스나 주변에서 질병이나 사고 소식을 들으면 그 일이 자신에게 곧 닥칠 것이라고 본다. 반대로 자신의 능력, 즉 어떤 상황에서 어려움을 이겨내고 극복할 능력이 미약하다고 생각한다. 극복할 수 없는데 그런 불행이 곧 닥칠 것이라 생각하니 불안함이 큰 것이다.

불안장애도 다양하게 나타나는 만큼, 각각의 독특한 인지왜곡과 인지 증상들이 있다. 공황장애는 죽음에 대한 공포가 지나친 인지왜곡이 흔하다. 어떤 신체 증상이 나타나면 이로 인하여 죽지 않을까, 쓰러지지 않을까, 미치는 것 아닐까를 심하게 걱정하는 인지 증상이 신체 증상을 더 증폭시키기도 한다.

광장공포증은 특정 장소에 가면 불안이 나타날 것이라는 인지왜곡이 생긴다. 심지어 그 상황에 간다는 상상만으로도 '나는 불안해진다'라는 인지 증상이 나타나게 된다. 특정공포증과 같은 특정 대상과 상황에 대한 두려움을 느끼는 공포증은 높은 곳에 올라가면 떨어지거나 사고가 날 것이라는 인지왜곡, 개를 만나면 물릴 것이라는 인지왜곡 등이 나타나 그런 상상만 해도 불안해진다.

사회불안장애는 남들이 자신을 부정적으로 평가할 것이라는 인지왜곡이 가장 많다. 남들이 자신을 형편없게 볼 것이라는 그릇된 생각이다. 안타깝게도 남들은 그렇게 평가하지 않을 뿐만 아니라, 사람들은 대부분 남에게 전혀 관심이 없는데도 말이다.

타인의 평가와 안 좋은 시선이 신경쓰이더라도 내가 그 일을 해야 한다면 '어쩔 수 없지 뭐'라는 조금 가벼운 마음가짐으로 실행하는 것도 필요하다. 해야 할 일을 했는데 나쁜 평가를 받을 것 같다면, 그건 내가 제어할 수 있는 일이 아니다. 미래나 과거의 내가 아니라 지금 내가 할 일을 하며 생각을 단순화하려는 습관을 가져 보자.

평소 자신의 사고가 부정적이거나 비판적이거나 냉소적으로 해석하는 측면이 크다면, 자신의 예민함과 불안함이 왜곡된 사고의 흐름으로 인한 것은 아닌지 생각해 보자. 자신의 불완전한 사고 흐름을 객관적으로 인지하고 바로잡으려는 훈련은 인지왜곡으로 인한 증상을 바로잡는 데 큰 도움이 된다.

## 불안은 뇌를 통해
## 신체 증상으로 나타난다

**불**안한 사람들은 유독 신체 증상이 많이 나타난다. 이는 불안이 뇌의 각종 부위와 연관되어, 뇌에서 불안의 신호에 대응해 각종 신체 증상을 나타내도록 만들기 때문이다.

대표적인 것이 자율신경계 증상이다. 일반적으로 스트레스 및 불안을 느끼는 상황이 되면 우리 몸은 상황에 잘 맞서도록 전투 태세를 갖추는데, 심장박동이 빨라지고 혈관을 수축시켜 혈압이 올라가 긴장되고 예민한 상태가 된다. 그런데 불안한 사람들은 일시적으로 불안한 마음이 들었다 사라지지 않는다. 또한 불안한 정도가 다른 사람보다 급격하게 높다. 그만큼 긴장도가 올라가기 때문에 교감신경이 크게 자극되어 혈압이 급격하게 상승하고, 가슴이 두근거리고 호흡이 가빠지며 땀이 난다. 위장관 운동의 기능이 저하되면서 설사나 복통을 호소하기도 하고, 두통과 어지럼증, 불면을 호소하기도 한다.

불안이 중추신경계를 자극하여 배뇨와 관련한 증상을 만들기도 한다. 대표적으로 요실금과 빈뇨(과민성방광증후군)가 있다.

요실금은 소변이 요도를 통해 흘러나오는 증상이다. 방광에 소변이 있더라도 소변이 나오는 관인 요도의 벽 근육이 압력을 가해서 오줌이 나오지 않게 막는다. 그런데 이 근육을 제어하는 신경계에 문제가 생길 경우 요실금이 생길 수 있다. 배뇨와 관련되는 중요 신경체계는 세로토닌 체계인데, 세로토닌 수용체들이 요도압을 잘 조절할 수 있게 도와 요실금 치료에 적용된다.

세로토닌 수용체 중 특히 5-HT2C 수용체의 활성화가 배뇨 반사를 억제하도록 도와, 요실금뿐 아니라 빈뇨를 억제하는 역할을 한다. 요도에는 세로토닌 수용체 중 5-HT2B 수용체가 많이 분포하는데 이 수용체의 활성화를 통해 요도 근육의 압력을 증가시키는 방법으로 치료를 도모하기도 한다.

빈뇨는 소변이 비정상적으로 자주 마렵다고 느끼는 증상인데, 요도가 예민하여 작은 소변에도 민감하게 반응하는 것이다. 빈뇨는 요도근의 문제뿐 아니라 시상하부-뇌하수체-부신HPA 축이 조절 기능을 상실하는 요인으로도 작용한다. 시상하부의 부신축에 이상이 생겨 코티코트로핀방출인자CRF가 증가하여 빈뇨를 일

으키는 것이다. 따라서 코티코트로핀방출인자의 과활동을 줄이
도록 코티코트로핀방출인자 길항제CRF antagonist를 사용하여 빈
뇨를 개선시키는 방법을 적용하기도 한다.

불안과 우울을 호소하는 사람들에게서 뇌유래신경영양인
자Brain Derived Neurotrophic Factor, BDNF가 감소되어 있는 것으로
알려져 있기도 한데, 뇌유래신경영양인자 수용체가 글루탐산염
수용체와 상호 작용을 통해 배뇨에 관여한다고 보기도 한다. 뇌유
래신경영양인자는 요도 괄약근의 활동을 도와 정상적인 괄약근
기능을 하도록 돕는다. 따라서 불안하거나 우울하여 이 인자가 감
소되었을 경우 스트레스성 요실금, 방광통증증후군, 방광염 등 배
뇨와 관련한 문제를 호소할 수도 있다. 최근에는 뇌유래신경영양
인자를 증가시키거나 활성화시키는 방법을 통해 배뇨 문제를 치
료하는 것도 고려되고 있다.


불안장애별로도 다양한 신체 증상이 나타나게 되는데, 공황장
애 환자들이 호소하는 대표적인 증상은 가슴 두근거림, 발한(땀),
몸이 떨리거나 후들거림, 숨이 가쁘거나 답답한 느낌, 가슴 통증
이나 가슴 불편감 등이다. 메스꺼움, 복부 불편감, 어지럼증, 춥거
나 화끈거림, 감각 이상(감각이 둔해지거나 따끔거리는 느낌) 등도 호소
한다.

범불안장애 환자들은 통증을 자주 호소한다. 공황장애가 간혹 가다 급격한 신체 증상을 호소한다면, 범불안장애는 일상에서 자주 신체 증상을 경험한다. 두통, 근육 긴장으로 인한 떨림, 근육통, 몸살 기운, 피로감 등이 가장 흔하다. 불면증도 자주 호소한다. 항상 긴장 상태에 있으므로 설사, 발한(땀), 메스꺼움 등도 흔하게 나타나는데 자율신경계 증상들인 가슴 두근거림, 어지럼증 등은 공황장애의 경우보다는 증세가 덜하다.

사회불안장애 환자들은 얼굴이 붉어지는 신체 증상을 가장 많이 호소한다. 사회생활을 하는 데 있어서 매우 불편함을 느끼는 것이다. 몸이나 손의 떨림 증상도 흔하다.

분리불안장애 환자들은 설사나 복통이 흔하다.

이처럼 불안은 다양한 신체 증상을 일으키기 때문에, 자신의 마음에 문제가 있다는 것을 모르면 이를 질병에 걸린 것으로 생각해 내과 등을 방문해 여러 가지 검사를 받기도 한다. 그러나 대부분 정상이거나 임상적으로 큰 의미가 없는 수준의 결과를 받고 실망한다. 담당 의사들은 검사상 이상이 없는데 환자가 반복적으로 증상을 호소해서 난처해하기도 한다. 주로 일시적으로 증상을 낮추는 진통제를 처방받기 때문에 근원적인 문제가 해결되지 않아 다시 증상이 반복된다.

따라서 몸의 증상이 있어서 병원을 방문하고 검사를 받았음에도 이상 소견이 없다면, 평소 나의 불안이 높지는 않은지 늘 긴장 상태여서 겪게 되는 증상은 아닌지 살피고, 정신건강의학과에서 검사를 받아 보길 권한다. 마음과 정신의 문제가 내 몸을 아프게 한다는 것을 이해하지 못해 많은 사람이 질병을 놓치고 키우는데, 이는 매우 안타까운 일이다. 공황장애처럼 치료를 받으면 예후가 좋은 경우가 많다.

신체 증상이 심각한 경우 우선은 증상의 정도를 낮추기 위해 스트레스에 대한 민감성을 낮추는 치료에 초점을 두지만, 궁극적으로는 자신의 신체 증상을 잘못 해석하고 있음을 깨닫게 하는 인지치료를 병행한다.

## 불안한 사람들이 보이는
## 대표적인 회피 행동

**불**안한 사람들이 보이는 행동 중의 대표적인 것이 회피 행동이다. 동물공포가 있는 사람은 동물을 피하려 하고 사회불안장애가 있는 사람들은 자신이 두려워하는 사회적 상황을 피하려 하고, 공황장애가 있는 사람들은 발작을 경험했던 장소를 피한다.

아이러니하게도 이런 회피 행동은 불안을 가라앉히지 않는다. 오히려 더 악화되고 지속된다. 회피라는 행동이 문제를 직면할 기회를 빼앗고, 그런 패턴이 반복될수록 불편한 상황을 마주하지 않는 자신에게 안주하려고 한다. 회피하는 행동은 계속해서 그것을 두려워하고 피해야 할 것으로 여기게 만든다. 그렇게 생각이 점점 더 굳어진다.

연기나 지연도 대표적인 불안의 행동 증상이다. 불안한 사람은 일이나 행동을 계속 미룬다. 무서워서 빨리 해내지 못하고 시간을 끄는 것이다. 결정장애도 흔하다. 어떤 결정을 하든 나쁜 결과가 나올 것이라고 예견한다. 부정적 사고와 맞물리는 것이다. 그래서 나쁜 결과를 마주하기 두려워 안절부절못한다. 이 경우 주변의 도움이 필요하기도 하다.

반복 행동도 흔한데, 같은 질문이나 같은 행동을 반복하는 것이다. 주로 강박장애가 있는 경우 나타나는 행동 증상인데, 다른 불안장애가 있는 사람들에게서도 종종 나타난다. 불안한 상황을 계속 확인해야 직성이 풀리는 것이다. 그러나 질문을 반복한다고 해서 불안이 사라지지는 않는다. 근원이 남아 있기 때문이다.

최근 연구들은 회피 행동이 불안장애의 정도를 알려주기보다는 질병의 예후에 매우 중요한 요인이라고 보고한다. 자신이 회피하고 있다는 것을 알고, 그 회피하는 대상에 직면하여 극복하게 하는 것이 불안장애를 치료하는 데 매우 중요하다.

회피 행동은 왜 보이는 것일까? 회피는 공포에 대한 반사적인 반응이다. 뜨거운 것이 손에 닿으면 나도 모르게 손을 떼는 것처럼 생존과 안전을 위한 본능적인 반사작용이다. 이와 관련하여 놀람 반사startle reflex에 대한 연구가 있는데, 사람들에게 매우 큰 소리를 들려주고 나서 놀라는 반응이 얼마나 오래 지속되는가를 알아본 실험이었다. 이를 통해 큰 소리라는 자극에 대해 얼마나 빨리 회복해 원래의 평온한 상태로 돌아오는가를 확인할 수 있는데, 이때 관찰하는 뇌의 주요 부위가 전전두엽이다. 뇌의 전전두엽이 외부 자극을 받았을 때 순식간에 어떤 반응을 할지 판단을 내리고, 반응을 얼마나 지속할 것인지 시간도 결정한다. 전전두엽이 활성화된 사람은 외부 자극에 대하여 놀람이나 심장 두근거림 등 적절한 반응을 보이고 나서, 해당 소리가 크게 문제가 되는 상황이 아니라는 판단이 내려지면 곧 모든 신체 기관을 잠재우고 이전의 평온한 상태로 회복하게 만든다. 그러나 전전두엽이 고장 난 경우에는 소리에 대한 반응이 매우 크고 그 반응도 오래 지속될 것이다.

불안장애가 있는 사람들은 외부 소리에 매우 민감하다. 그만큼 뇌가 매우 예민한 상태에 있는 것이다. 시카고 일리노이대학의 스티븐스 등은 공황장애, 우울장애와 같은 질환을 가진 사람들이 보이는 놀람 반응을 연구하였는데, 예기된 것이든 예기치 못한 경우든 위협적인 상황이 주어졌을 때 불안장애 환자들이 보이는 놀람 반응은 환자의 기능을 예측해 주는 요인이라고 보고한다. 놀람 반응이 높았던 경우에는 1년 후에 불안 증상이 호전됨과 상관없이 지속적으로 기능의 저하를 보였다. 이 결과 또한 놀람 반응이 불안 및 우울장애 환자들의 기능 저하에 매우 중요한 요인임을 보여주는 것이다.

이런 회피 행동에 개인적 차이는 없을까? 네덜란드의 라드바우드대학의 헐스만 등은 흥미로운 연구를 보고하였다. 이들은 공포-회피 모형을 만들어 347명의 건강한 성인들을 대상으로 회피반응의 차이를 연구하였는데, 그 결과 여성 또는 과거 불안 기질이 높았던 사람들에서 회피 반응이 더 많이 보였다. 공포 자극이 없을 때도 놀람 반응과 피부 전도성이 높았던 사람들이 회피 반응을 더 많이 보였다. 즉, 이미 뇌가 예민한 사람들이 회피 행동을 더 많이 보인다는 것이다.

회피 행동은 공포의 정도뿐 아니라 대가의 정도와도 관련된다고도 한다. 즉 공포가 심해서 피하는 것도 있지만 그로 인한 대가가 어느 정도인가도 중요하다는 것이다. 물론 이는 건강한 성인을 대상으로 한 연구 결과다. 사회불안장애나 공황장애와 같은 불안장애가 있는 사람들은 회피 반응이 일어날 때 대가를 고려하지 못한다. 공포의 정도가 심하게 느껴지기 때문에 대가를 고려할 여지가 없다.

# 최고의 실력자도 피하기 어려운
# 수행불안

음악을 전공하는 자녀를 둔 동료 교수가 어느 날 내게 질문을 던졌다. 예술의전당 근처의 약국에서 가장 많이 팔리는 약이 무엇인지 아느냐는 것이었다. 소화제나 진통제와 같은 약을 떠올렸는데 답은 의외였다. 바로 베타수용체 차단제였다. 베타수용체 차단제는 일시적으로 불안을 감소시켜 떨림을 예방하는 약물이다. 연주를 앞둔 많은 사람이 불안을 가라앉히기 위해 예술의전당 근처 약국을 방문해 스스로 이러한 약을 복용한다는 이야기였다.

어떤 일을 수행할 때 나타나는 불안을 수행불안이라고 한다. 평소에는 잘하던 것을 많은 사람 앞에 서게 되는 결정적인 상황, 즉 경기나 발표와 같은 상황에 마주하면 최악의 상황이 떠오르고 그에 대한 불안으로 일을 잘 수행해내지 못하는 것이다.

수많은 히트곡과 여러 개의 플래티넘 앨범을 소유한 가수이자 연기자인 바브라 스트라이샌드도 무대 공포증으로 오랫동안 고통받은 것으로 알려져 있다. 그녀는 1967년 센트럴파크 공연 중 갑자기 가사를 잊는 실수를 하였고 이후 무대에 설 때마다 똑같은 실수를 할지 모른다는 수행불안이 생겼다고 한다. 그 이후 바브라 스트라이샌드는 공연이 아닌 영화에 몰두하게 되는데, 영화는 실수해도 다시 찍으면 되기 때문이라고 그 이유를 밝혔다.

미국 메이저리그 피츠버그 파이리츠의 투수 스티브 블래스라는 선수는 강속구로 유명했다. 그런데 그는 연습장에서는 강속구를 잘 던지다가도, 막상 마운드에 오르면 사람들의 시선을 크게 의식하다가 공이 포수 미트를 벗어나 엉뚱한 곳으로 향해 볼넷을 남발하거나 폭투를 던지고는 하였다. 그는 이러한 불안을 이겨내지 못하고 32세라는 비교적 젊은 나이에 은퇴하였다. 이후 투수가 갑자기 스트라이크를 던지지 못하거나 제구력이 떨어져 볼넷을 남발하는 현상을 '스티브 블래스 증후군'이라고 부르게 되었다.

골프 선수들의 입스도 대표적인 수행불안의 결과물이다. 골프 입스란 골프 스윙 전에 실패에 대한 두려움으로 발생하는 손떨림이나 경직 등의 각종 불안 증세를 말한다. 유명 프로들은 물론 아마추어 골퍼들도 입스로 고생하는 경우가 많다. 실제로 이로 인하여 적지 않은 프로나 아마추어 골퍼가 정신건강의학과를 찾는다. 프로 골퍼의 30% 이상이 입스를 경험하였다는 보고도 있고, 타이거 우즈와 같은 유명 골프 선수들도 한동안 드라이버 입스나 퍼팅 입스를 경험하였다는 이야기도 있다. 골프 입스의 시초는 토미 아머 선수로 알려져 있는데, 그는 미국 PGA에서 수많은 우승을 경험한 노련한 골퍼였지만 퍼팅 입스로 인하여 토너먼트를 중단하였고, 이후 대중에게 입스라는 말이 널리 알려졌다고 한다.

우리나라를 대표하는 남자 골퍼인 최경주 선수는, 실수가 두려워 자신감 있게 치지 못하는 사람은 평생 불안정한 스윙을 하게 된다고 말한다. 운동할 때 실수는 어찌 보면 피할 수 없는 것이다. 따라서 실수를 두려워한다면 제대로 된 스윙을 하지 못한다. 실수할 수 있다고 생각하고 열심히 연습하는 것만이 입스를 탈출하는 비결인 것이다.

수행불안을 연구한 많은 사람도 이를 극복하는 최고의 방법은 연습이라고 한다. 열심히 연습하여 스스로 수행에 대한 자신감을 가지라는 의미다. 실제 수행불안을 호소한 사람들은 모두 다 자기 분야에서 최고였던 사람들이다. 수행불안을 이기기 위해 더 열심히 연습한 결과 자기 분야에서 최고가 되었다. 물론 정도가 너무 심하여 불안에 압도된 경우 그만두기도 한다.

여기에 더하여 실수할 수 있음을 기억하는 것도 필요하다. 인간은 실수할 수 있다. 실수에서 배우면 된다. 수행불안은 어떤 일을 잘 해내기 위한 과정에서 어느 정도는 분명 필요한 것이다. 다만 정도가 지나치면 문제가 되기 때문에 절대 실수하면 안 된다는 생각을 버려야 한다. 실수를 두려워하는 것은 완성도를 높이는 것이 아니라 수행불안을 높일 뿐이다.

# 열심히 준비해도 없앨 수 없는
# 시험불안

시험불안은 수행불안의 일종이다. 시험을 앞두고 과연 시험을 잘 볼 수 있을 것인가에 대한 불안으로 다양한 증상이 발생한다.

시험을 앞두고 긴장이 전혀 되지 않는 사람은 드물 것이다. 특히 자신의 목표에 큰 영향을 주는 시험이라면 불안의 정도도 클 것이다. 다른 불안과 마찬가지로 시험을 앞두고 어느 정도의 긴장감을 느끼는 것은 시험을 준비하는 데 도움이 된다. 그러한 긴장감이 공부에 집중하게 만든다. 만약 시험을 앞두고도 전혀 불안감이 없다면 시험을 열심히 준비해야겠다는 마음가짐도 들지 않고 열심히 준비하려는 태도도 보이지 않을 것이다. 시험장에서도 마찬가지다. 어느 정도의 불안과 긴장감의 상태일 때 분비되는 도파민은 상황에 집중하게 만들고, 집중력이 올라가면 더 정확한 답을 쓰게 하는 데 도움이 된다. 그러나 문제는 그 정도가 너무 심한 경우다.

한때 이런 광고가 있었다.

"왜 시험을 앞두고 불안한 걸까요?"

"불안하면 생각이 안 나고 또 생각이 안 나서 불안하고…."

결국은 약물을 복용하여 불안과 기억력의 개선을 꾀하라는 광고였던 것으로 기억한다. 분명한 것은 어느 정도의 시험불안은 시험을 잘 치르는 데 필요하다는 것이다. 그러나 지나치면 긴장을 유발하고 긴장하게 되면 뇌 기능 저하로 인하여 인지기능의 저하를 가져오고 마침내 시험을 망치게 될 것이다. 따라서 적당한 긴장의 정도를 찾는 것이 가장 중요하다.

시험불안을 극복하려면 수행불안을 낮추는 방법과 마찬가지로 준비를 열심히 하는 것이 최선이다. 물론 공부를 많이 한다고 해서 시험불안이 사라지는 것은 아니다. 앞서 언급한 대로 완전히 사라져도 안 된다. 긴장이 너무 풀어지면 시험을 망칠 수 있기 때문이다.

이번 시험은 정말 공부를 많이 했으니까 반드시 좋은 성적을 받아야 한다는 지나친 성취지향적인 생각도 시험불안을 고조시킬 수 있다. 아무리 공부를 많이 했어도 불안도나 긴장도가 너무 높으면 아는 것도 생각이 안 날 수 있기 때문이다. 따라서 최선의 노력을 다한 이후에 그 결과에 대해서도 담담히 받아들이는 자세가 필요하다. 그래야 반드시 좋은 성적을 받아야 한다는 강박에서 벗어나 적절한 상태를 유지할 수 있다.

약을 먹고 시험을 치르기보다 최선을 다해 준비하고 결과를 받아들이는 과정을 반복하다 보면 시험을 앞두고 적정한 정도의 불안만 유지할 수 있게 될 것이다. 불안의 정도가 적정 수준을 유지한다면 결과도 점차 좋아질 것이다.

# 어린아이들에게 나타나는
# 불안의 신호들

**아**이들도 성인들처럼 일정 수준의 불안을 느끼는 것은 정상적이다. 이미 우리의 유전자 속에는 불안의 유전자가 존재하기 때문이다. 어린아이에게 두려움이 없거나 부족하다면 생존에 위협을 받을 수도 있다.

그러나 아이에게도 불안장애를 의심할 만한 정도와 상황이 있다. 아동 강박 및 불안장애 센터의 설립자로 수많은 불안한 아이들을 치료한 아동 불안장애의 권위자 타마르 챈스키 박사에 의하면 아이들의 불안장애의 위험 신호는 다음과 같다.

1. 불안한 상황이 아닌데도 불안해하거나, 고통의 정도가 과도하여 울음이나 신체 증상이 심하다. 슬픔, 분노, 좌절, 절망, 당황

함 등의 감정이 지나치다.

2. 스트레스 상황을 맞으면 쉽게 괴로워하거나 흥분하거나 화를 낸다.

3. 확인하는 질문을 반복한다. 예를 들어 "친구가 때리면 어쩌지?"라고 부정적인 상황이 벌어질 것을 걱정하는 질문이 반복되거나, 슬픔을 가누지 못할 만큼 표현하거나, 논리적으로 따지는 말에 대꾸하지 못한다.

4. 두통, 복통 등이 심해 학교에 못 가는 날이 반복된다.

5. 예기불안이 심해 몇 시간, 며칠, 몇 주 후의 일을 미리 걱정한다.

6. 쉽게 잠들지 못하고 자주 악몽을 꾸는 등의 수면장애를 보인다.

7. 완벽주의가 심해서 자기 기준이 너무 높아 어떤 것에도 만족하지 못한다.

8. 과도한 책임감으로, 다른 사람이 자기 때문에 화를 낼까 지나치게 걱정하거나 사소한 일에도 심하게 사과한다.

9. 지나치게 회피하는 태도를 보여서 정해진 활동에도 참여하지 못한다. 등교 거부가 대표적이다.

10. 아이가 구성원으로 생활하기 어려워한다. 학교에 가거나 친구 집에 가거나 종교 활동, 가족 모임, 심부름, 여행 등을 어려

위한다.

11. 일상에서 아이를 달래는 데 시간이 너무 오래 걸린다. 숙제를 해야 하거나, 씻거나, 식사와 같은 평범한 일상 활동을 하는 데 너무 오랜 시간이 걸린다.

아이들이 불안에 대해 보이는 위험 신호들은 어른들과 유사하면서도 조금씩 다르므로 좀 더 주의 깊게 살펴야 한다.

아이들의 불안 정도를 어느 정도는 정상이고, 어느 정도는 일시적이며, 어느 정도를 불안장애로 보아야 하는지 그 기준에 대해서도 챈스키 박사는 제시한다. 아이들의 경우 정상적이거나 일시적인 불안이라면, 두려움과 불안, 걱정이 비교적 합리적이며 예측이 가능한 경우다. 또한 아이가 상황의 변화에 대해 부모나 주변에서 제안했을 때 받아들이는 경우, 아이가 질문을 쏟아 내기는 하지만 대답을 받아들이고 확인하는 과정을 통하여 정보를 수용하고 도움을 얻으려 하는 경우, 불안의 증상들이 시간이 지나면 완화되고 지속시간이 짧은 경우, 특정 상황에서만 불안이 나타나는 경우다. 그리고 불안의 상황을 왜 직면해야 하는지 이해하거나, 해당 불안 증상이 아이의 긍정적인 변화를 끌어내는 경우, 불안의 주제가 아이 발달의 단계와 일치하는 경우 등으로 나타난다고 말한다. 이는 성인에게서 보이는 정상적인 불안과도 비슷한 맥락이다.

반대로 문제성 불안, 병적 불안의 징후들은 다음과 같다. 두려움, 불안, 걱정이 비합리적이며 상황에 맞지 않는 경우, 아이가 불안에 완전히 압도되어 상황 변화에 대한 주변의 설명에도 제안을 무조건 거부하는 경우, 질문에 대한 답을 주어도 어떤 대답에도 만족을 못 하고 걱정 때문에 진심으로 괴로워하며 현재와 미래에서 괴로워할 일을 만들어 내는 경우, 불안의 증상이 시간이 지나면서 더 강해지고 걱정이 계속되는 경우, 불안의 증상들이 일반화되어 점점 더 많은 상황에서 일어나는 경우, 아이가 상황에 직면해야 하는 이유와 방법에 관심을 기울이기보다는 주로 회피하려는 경우, 불안 증상이 아이의 성장과 생산성에 방해가 되는 경우, 마지막으로 불안의 주제가 발달단계와 일치하지 않는 경우다. 성인과 유사하면서도 아이의 발달단계와도 일치되지 않는다.

아이에게서 나타나는 불안의 위험 신호는 어른에게서 나타나는 신호와 유사하면서도 조금씩 다르다. 부모를 비롯하여 아이를 돌보는 양육자라면 아이의 위험 신호의 요인들과 증상을 기억하고 관찰해야 한다.

# 미래를 예상하며 미리 불안한
# 예기불안

"**걱**정을 사서 한다"라는 말이 있다. 불안한 미래를 상상해 두려워하는 예기불안이 그렇다. 예기불안을 가진 많은 이가 자신의 불안이 불필요하고 지나치다는 것을 안다. 그러나 이미 불안에 사로잡혀 이런 두려운 상황에서 벗어나기 위해 갖은 방법을 찾아 나선다.

과거의 불쾌한 경험으로 불안이 생겼고, 그 경험을 다시 하기 싫어 불안을 키우기도 한다. 예를 들어 음악 시간에 수행평가로 노래를 하다가 음이탈로 망신을 당한 경험이 있다면, 이후에 또 친구들 앞에 섰을 때 실수할지 모를 자신을 상상하며 남들이 자신을 바보처럼 여길 것이라고 걱정한다. 지하철에서 공황발작을 경험한 사람들은 지하철을 타러 가면 다시 공황발작이 나타날 것이라고 미리 불안해한다. 이것이 예기불안이다.

그런데 불행하게도 이런 예기불안은 스스로 지나친 긴장감을 만드는 것이기에, 유사한 상황이 오면 영락없이 같은 일이 반복된다. 잔뜩 긴장한 채 시험을 치르고, 잔뜩 불안한 마음으로 지하철을 타다 보니 다시 실수하게 되고 발작이 일어나는 것이다. 경험이 쌓이니 불길한 예감은 절대 틀리지 않는다는 푸념과 함께 예기불안은 증가하게 된다.

그래서 예기불안을 극복하려면 그 상황에 대한 인식이 달라져야 한다. 인간은 실수할 수 있고, 몸과 마음이 힘든 상황에서 불안이 일어날 수도 있지만, 항상 그런 것이 아니라고 인지해야 한다.

또한 자신과 주변을 신뢰해야 한다. 의미치료 전문가인 엘리자베스 루카스 박사는 대부분의 불안장애 환자들은 근본적인 신뢰가 어딘가에 파묻힌 사람들이라고 보았다. 어려울 때 나를 도와줄 나 자신, 주변 사람들에 대한 근본적인 신뢰를 다시 회복해야 하는데 그러기 위해서는 자신의 처지만 생각하는 일을 과감히 포기해야 한다고 주장한다. 즉 불안장애 환자들이 자신의 불쾌한 고통을 피하고 싶은 마음이야 당연하지만, 그것이 예기불안을 자리잡게 하는 원인이 된다는 것을 깨닫고 과감히 예기불안에서 벗어나라는 것이다.

의미치료의 창시자인 빅터 프랭클 박사도 "불안을 호소하는 신경증 환자들은 고통받을 용기가 부족한 사람들이다. 그들은 고통의 실재, 고통의 필요성, 고통의 의미로 바꾸는 방법을 알지 못한다. 이들은 고통받기를 거부한다"고 하였다.

불안한 사람은 그 상황을 겪어야 하는 의미를 찾음으로써 예기불안을 극복할 수 있다. 수술을 앞두고 환자들이 불안해하지만, 그럼에도 수술을 받는 것은 수술을 통하여 자신의 병이 나을 것을 알기 때문이다. 따라서 예기불안으로 회피하는 등의 부정적인 행동을 반복하고 있다면, 이제는 회피하려는 그 상황에 의미를 부여하고 적극적으로 부딪히는 용기를 가져 보자. 루카스 박사는 이렇게 의미를 찾으면 무언가 몰두할 힘과 열정을 얻을 수 있다고 하였다.

'나에게는 이 일을 하는 것이 중요해. 그것은 나에게 의미가 있고 나는 그것을 위해 행동해. 내게 무슨 일이 일어나든 이겨낼 수 있어.' 이런 태도는 곧 자기 자신에 대한 신뢰를 표현하는 기회가 되기도 한다. 그 일의 의미를 찾고, 그 일을 할 수 있는 나를 신뢰하는 태도를 보일 용기가 필요하다.

# 불면증은 불안장애의 의미 있는 위험요인

**불**안한 사람은 생각이 많아 잠들기가 어려운 경우가 많다. 반면 우울한 사람은 잠들기 어렵기도 하지만, 그보다는 새벽에 일찍 깨서 다시 잠들지 못하는 경우가 많다. 우울한 사람들 중 일부는 평소보다 잠을 더 많이 자기도 하는데, 이 경우는 비정형 우울장애로 진단하기도 한다. 그런데 불안한 사람은 잠들기도 어렵고 수면 시간도 짧으며 잠도 얕고 꿈도 많이 꾼다.

불면의 원인으로 다양한 정신질환을 꼽는다. 그중에서도 범불안장애, 공황장애가 대표적이고, 외상 후 스트레스 장애가 있는 경우도 불면 증상이 흔히 동반된다. 불안한 경우 잠들기 어려운 것은, 몸의 긴장이 풀리면서 수면에 들어가야 하는데 불안한 마음으로 긴장이 풀리지 않아 몸과 마음의 이완이 일어나지 못하는 것이다. 몸이나 마음 중 어느 하나라도 긴장 상태라면 잠들기 어렵다. 몸이 피곤해서 잠자리에 눕더라도 이상하게 잠이 오지 않을 때가 그렇다.

불면증 환자 중 불안장애가 있을 확률이 약 20~30%라고 한다. 불면은 불안장애의 경과에도 영향을 주는데, 계속 잠을 못 자면 불안장애가 쉽게 호전되지 않는다. 수면을 통해 우리 뇌와 신체 기능은 회복을 이루는데, 수면 시간이 부족하면 그만큼 회복이 더뎌져 일상의 기능이 떨어지기 쉽다.

공황장애의 경우 만성적인 수면 부족이 위험요인으로 작용한다. 우리 몸은 적정 수면 시간이 필요한데, 잠이 안 오거나 일이나 공부 등의 이유로 수면 시간이 오랜 기간 부족하게 되면 공황장애가 발병할 확률이 높아진다. 또한 공황장애를 치료하는 과정에서도 수면 시간이 계속 부족하면 회복이 더디다.

불면과 불안장애의 연관성은 크게 두 가지로 설명된다.

첫째, 불안과 불안장애를 일으킬 위험요소로서의 불면증이다. 역학 연구 결과 불면증이 있는 사람들은 그렇지 않은 사람들에 비하여 불면증이 시작된 시점을 기준으로 2, 3배 더 많은 사람이 불안장애를 보였고, 1년 후 추적했을 때 시작 시점과 1년 후 시점 모두에서 불면증이 있는 사람이라면 불면증이 없는 이들보다 6배 정도 더 많은 경우 불안장애를 보였다.

20세부터 89세 사이의 지역주민을 대상으로 한 연구에서도 불면증이 있는 사람이 불면증이 없는 사람보다 불안장애가 있을 확률이 17배 이상 더 높고, 특히 불면증을 겪는 횟수가 많을수록 불안의 정도가 심하였다.

두 번째 연관성은 불면증을 일으킬 위험요소로의 불안과 불안장애다. 2,300여 명을 대상으로 한 연구에서 불안을 가지고 있는 사람은 1년 후 17.8%에서 불면증이 나타났다고 한다. 즉, 불안을 가진 사람은 그렇지 않은 사람에 비하여 불면증이 발생할 확률이 높다는 것이다.

불안과 불면증의 연관성은 불면과 우울장애의 연관성과도 유사하다고 본다. 이러한 상관관계는 스트레스에 대한 대처능력이 근본 원인으로 추정된다고 알려져 있다.

불안이 불면과 관련되는 방식에 관한 다른 보고도 있다. 불면증이 있는 이들 중 수행불안이 있는 경우가 많은데, 이러한 이유로 불면증이 있는 남성의 경우 성기능장애를 호소하는 경우가 많다고 한다. 불안이 불면뿐 아니라 성기능장애와도 관련되는 것이다.

불안이 높은 사람은 숙면에 필요한 수면위생을 잘 지키지 않는다는 보고도 있다. 수면위생은 잠을 자기 위해 지켜야 하는 생활습관들로, 일정한 시간에 잠들고 일어나는 것, 햇볕을 쬐고 낮잠을 피하는 등의 습관들이다. 불안은 다양한 방식을 통해 숙면에 나쁜 영향을 미치고 있다.

# 신체 증상에 집착하며 시간을 허비하는
# 건강염려증

우리는 모두 건강한 삶을 원한다. 하지만 우리의 스트레스가 올라갈수록 다양한 신체 증상을 경험하게 되고, 쏟아지는 각종 정보 기사를 클릭하는 우리는 자신의 신체 증상이 큰 질병일지 모른다는 불안을 갖게 된다. 그 정도가 심해지면 질병불안, 즉 건강염려증이 될 수 있다. 자신에게 심각한 신체 질병이 있다고 굳게 믿는 것이다. 현대인에게 질병불안은 적지 않은 증상이자 질병이다.

우리 몸은 어느 정도 자연회복력이 있기 때문에 일상에서 조금 무리를 하거나 잠을 잘 못 자거나 하는 등 균형이 무너졌을 때 통증이나 피로감 등을 통해 휴식을 취하라는 신호를 보낸다. 그러면 우리는 무리한 일정을 줄이고, 휴식을 취하면서 몸을 회복시킨다.

하지만 질병불안이 있으면 일시적으로 나타나는 신체 증상을 두고도 매우 불안해하여 병원부터 찾는다. 각종 검사를 받고 자신의 숨은 질병을 찾아야 한다고 생각한다.

물론 전에 없던 신체 증상이 나타나고 이것이 심각하다고 느껴지면 적절한 검사를 받아야 한다. 그러나 질병불안의 경우 검사 소견상 이상이 없다는 이야기를 듣고도 자신의 질병을 놓치고 있다고 생각해 다른 병원을 찾아 다시 검사를 받는다. 심지어 스스로 병이 있다고 진단하고 자가치료하는 방법을 찾아 나서기도 한다. 질병불안이 있는 경우 항상 자신의 몸 상태에 관심을 쏟는다. 거의 하루의 대부분을 몸과 신체 증상을 생각하는 데 매달린다. SNS나 뉴스, 책 등을 통해 자신의 증상과 관련된 내용을 찾고 확인하느라 많은 시간을 쏟는다.

질병불안의 하나로 의대생증후군도 있다. 의대생증후군은 의과대학에 들어가 처음으로 각종 질병에 대한 강의를 듣고 공부하기 시작하면, 많은 학생이 자신도 그 병에 걸린 것 같다고 믿는 것을 의미한다. 섣부른 지식으로, 자신에게 있는 몇 가지 증상만 가지고 이것을 곧 해당 질병이 있는 것으로 스스로 판단하기 때문에 나타나는 현상이다. 질병불안을 가진 많은 사람이 이처럼 스스로 자신에게 질병이 있다고 판단하는 특징이 있다.

화이트가운증후군도 유사하다. 집에서는 정상이던 혈압이 병원에 가서 의사 앞에서 재면 혈압이 한없이 치솟아 고혈압 수준의 결과가 나오는 것을 말한다. 물론 경험이 많은 내과의사는 자신이 잰 혈압만 근거로 진단하지 않고 정기적인 혈압 측정을 기준으로 진단하지만, 환자는 의사가 잰 혈압이 높으니 이 숫자가 진짜 같고 걱정은 더 올라간다. 이 경우 진료 현장에서 의사가 혈압을 재는 순간 자신의 혈압이 어떻게 나올까를 너무 걱정한 나머지 자율신경계의 교감신경이 흥분되어 일시적으로 혈압이 상승하는 결과가 나올 수 있다.

질병불안이 있는 경우의 상당수는 살면서 큰 스트레스를 경험하게 되었을 때 여러 신체 증상이 나타나고, 자신이 심각한 병에 걸린 것이라고 믿고 집착하면서 시작된다. 예를 들어 가까운 사람이 큰 병에 걸렸다는 소식을 들었거나 질병으로 사망했다는 소식을 들었을 때, 지인을 잃은 슬픔과 자신도 예외는 아닐 것이라는 불안이 겹쳐 일시적으로 여러 신체 증상을 경험하게 되고, 이러한 신체 증상을 겪으면서 질병불안이 시작되는 것이다. 질병불안이 질병불안장애로 발전한 경우는 대개 어려서 큰 병을 앓은 적이 있거나 소아기에 학대를 경험하였거나 부모의 과잉보호 등이 연관된다고 보기도 한다.

정신분석에서는 질병불안이 낮은 자존감, 지나친 자기 염려, 죄책감의 방어로 나타난다고 설명하기도 한다. 자존감이 낮고 자기 염려가 많은 사람이 자신의 신체에 대한 열등감으로 질병에 걸릴 확률을 높게 생각하여 질병에 대한 불안이 높다는 것이다. 죄책감이 높은 사람이 자신이 벌을 받아 나쁜 병에 걸릴 확률이 더 높다고 걱정하는 것이라고 보기도 한다.

질병불안은 젊은 연령대보다 나이가 많은 연령대에서 더 흔하다. 아무래도 자신의 건강에 자신이 없어지면서 불안이 커졌을 것이다. 최근에는 젊은 연령대에서도 적지 않게 발생하는데, 그만큼 현대인들의 스트레스가 적지 않고 정보도 많이 쏟아지고 접하기도 쉬워지면서 우리의 불안을 자극하는 요인이 된다.

신체 증상이 있으면 병원을 찾아 정확한 진단을 받으면 된다. 검사상 이상이 없다고 한다면 이를 받아들여야 한다. 만약 검사를 받은 후에도 증상이 쉽게 사라지지 않는다면 한 번 정도 더 검사를 받을 수도 있다. 정기적으로 종합검진을 받으면서 자신의 몸 상태를 전체적으로 확인하는 자세도 물론 필요하다. 그러나 진료를 받고 정기검사에서도 정상이라는 결과가 나왔음에도, 다른 병원에 가서 다시 검사를 받거나 다른 의사를 찾아다니는 일종의 '닥터 쇼핑', '병원 쇼핑'을 한다면, 이는 질병불안의 증상이며, 이러한 반복된 행동은 내적 불안을 키울 뿐이다.

건강에 대한 불안이 크다면, 관심을 신체 밖으로 돌리려는 노력이 필요하다. 질병불안이 있는 사람들은 대부분 일하거나 운동하는 등 다른 일에 집중할 때에는 불안의 모습이 잘 나타나지 않는다. 따라서 신체 및 신체 증상에 집중하는 대신 일이나 활동, 운동 등으로 관심을 돌리려고 노력해보자. 단, 건강염려뿐 아니라 다른 불안이나 우울 등의 증상이 동반된다면, 이는 건강염려증과는 다른 것이니 정신건강의학과를 방문해 정확한 진단을 받고 도움이나 치료를 받아야 할 부분이 있는지 확인할 것을 권한다.

# 불안장애를 의심하게 하는
# 신호들과 대처법들

미국의 건강 정보 포털사이트인 헬스닷컴health.com에서 불안장애를 의심하게 하는 다양한 신호들에 대해 다룬 적이 있다. 그중 일부를 소개하면 다음과 같다

첫째, 과도한 걱정이다. 미국의 불안장애 진단과 치료의 대가로 꼽히는 데이비드 쉬한 박사에 따르면 불안장애의 대표 격인 범불안장애는 세 가지 증상이 가장 흔한데 바로 걱정, 불안, 긴장이다. 불안장애의 진단 기준에도 과도한 걱정이 포함되어 있다. 따라서 하루의 상당 시간을 일반적인 걱정을 넘어서 과도한 걱정을 하고 있다면 불안장애를 의심해 보아야 한다.

둘째, 수면장애다. 불면은 수면장애의 결과일 수 있지만, 불안장애로 인한 경우도 많다. 미국 통계에 따르면 불안장애 환자의

약 반 정도가 수면장애 증상을 동반한다고 한다. 불안한 경우 수면장애 중에서도 잠드는 것을 힘들어하는 입면장애가 많다. 잠자리에 들면 바로 잠들지 못하고 과도한 걱정을 하느라 잠이 쉽게 오지 않는 것이다. 불안한 사람은 잠자리에 누웠을 때, 온갖 걱정으로 쉽게 잠들지 못한다. 물론 불안으로 인한 긴장도 잠들지 못하게 하는 중요한 원인이 될 수 있다.

셋째, 만성적인 소화불량이다. 불안한 사람들은 여러 가지 신체 증상을 자주 호소하는데, 가장 흔한 것이 소화불량이다. 긴장하면 두통이나 소화불량이 생길 수 있는데, 만약 이러한 증상이 만성적이고 내과를 방문해 검사를 받아도 이상이 없고 신경성이라는 답변을 받는다면 한 번쯤 불안장애를 의심해 보는 것도 필요하다. 설사와 변비가 반복되는 과민성 대장 증상도 불안한 사람들에게서 흔히 나타나는 증상 중 하나다. 불안하기 때문에 위를 비롯한 내장의 운동 변화가 나타나고 이로 인하여 설사나 변비 등의 증상이 자주 나타난다. 위장관의 각종 신경세포가 불안한 뇌에서 오는 신호들로 인하여 오작동하는 셈이다.

넷째, 극심한 공포 증상이다. 이는 공황장애에서 가장 흔한 증상이다. 물론 극심한 공포를 느낀다고 해서 모두 불안장애나 공황장애가 있는 것은 아니다. 사람은 살면서 어느 순간 공포심을 느낄 수 있는데, 어떤 외부 자극이 주어져서 그럴 수도 있고 별다른 자극이 없을 때도 공포심을 느낄 수 있다. 자극이 주어져서 그런 경우에는, 그 자극이 그만한 공포심을 일으킬 정도로 자극적인가가 중요한 기준이 될 것이다. 다른 사람들도 동일하게 공포심을 느낄 정도로 정말 무서운 대상인가를 기준으로 두고 불안장애로 판단할 여지가 있는지 살피는 것이다.

다른 대부분의 사람도 극심한 공포심을 느낄 만한 자극이고, 그만한 공포심을 보인 것이라면 정상 반응으로 보아야 한다. 다만 이때도 두 가지를 살펴야 한다. 공포의 반응 정도와 공포심이 유지되는 시간이다. 외부의 자극 자체가 아무리 강했다고 해도 그 자극이 끝나고 일정 시간이 지나면 공포가 사그라들어야 한다. 그런데 아주 오래도록 유사한 공포를 반복해서 처음과 같은 정도의 강도로 느낀다면 불안장애를 의심할 만하다. 공포에 반응하는 정도가 다른 사람들보다 매우 심각하다면 이 또한 불안장애를 의심할 만하다.

만약 공포를 유발할 만한 특정 자극이 없었는데 강한 공포심을 보이고, 이러한 증상이 한두 번 정도가 아니라 반복해서 나타난다면 불안장애, 특히 공황장애의 가능성을 염두에 두어야 한다.

다섯째, 완벽주의다. 실수를 저지르지는 않을까, 남이 뭐라고 하지는 않을까 하는 마음이 항상 든다면 한 번쯤 불안장애를 의심해 보아야 한다. 완벽주의는 살아가는 데 어느 정도 필요한 덕

목이다. 자신이 하는 일이나 일상생활에서 완벽하려는 것은 어느 정도는 좋은 자세이고 필요한 모습이기도 하다. 그러나 그러한 노력이 너무 지나쳐서 완벽할 수 없는 것에도 완벽해지려 한다면, 이는 불가능한 일이기 때문에 스트레스가 된다. 이러한 스트레스는 강박장애와 같은 불안 증상으로 이어지기 쉽다. 대인관계나 사회적 활동을 수행하는 상황에서 항상 완벽해야 한다는 강박은 과도한 긴장감을 갖게 만들고, 이는 사회불안장애로 이어질 수도 있다. 사실상 인간은 완벽할 수 없기 때문에 완벽주의를 추구하면 불안을 떨쳐낼 수 없다. 그러나 완벽할 수 없는 상황에서 완벽을 추구하려는 상황이 반복되면 실패라고 여겨지는 경험이 쌓이고, 나는 또 잘 안 될 것이라는 예기불안이 더해져 불안이 반복된다.

불안장애를 가진 사람들의 다양한 성격을 연구한 결과에서 살펴봤듯이, 이들은 강박적인 성격, 회피적인 성격, 의존적인 성격을 가진 경우가 많다. 자신에게 지나친 완벽주의 성향이 있다고 여겨진다면, 인생의 어느 시기에 불안장애처럼 불안의 정도가 높아질 수도 있다는 경각심을 가지고 자신의 완벽주의 성향을 조절하려고 노력해야 한다.

여섯째, 자기 회의감이다. '남편이 나를 사랑하는 것만큼 나도 남편을 사랑할까?' '나처럼 이기적인 존재가 아이를 사랑할 수 있을까?' '나는 이런 칭찬을 받을 만한 인물이 아닌데' 등 끊임없는 자기 회의와 사후 비판을 내보인다면 각종 불안장애로 커질 수 있음을 의심해야 한다. 불안장애를 가진 사람들은 걱정도 많고 자신에 대해서도 부정적이다. 나쁜 일이 일어날 확률은 높은 것 같은데, 이를 극복할 능력이 매우 부족하다고 생각해 항상 불안한 것이다.

이러한 건강하지 못한 사고 습관이 불안장애로 커지는 것을 예방하려면, 이러한 증상을 잘 관리하려는 노력이 필요하다.

첫째, 과도한 걱정을 줄인다. 전문가들은 걱정이 나쁜 일을 예방하지 못한다고 전한다. 불과 얼마 전까지 매우 큰 일처럼 여겨지던 걱정이 시간이 지나면 기억조차 나지 않는 경우가 얼마나 많은가. 불안장애 환자들은 걱정이 걱정을 낳고, 그런 걱정을 매사에 달고 사는 경우가 많다. 그런 걱정은 각종 신체 증상을 부르고, 그런 신체 증상이 다시 불안을 높이는 악순환을 부를 뿐이다.

둘째, 규칙적인 수면 습관을 가진다. 수면장애가 있는 경우도 그렇지만 불안한 마음이 크면 잠들기가 어렵다. 그런데 수면 습관이 불규칙하면 뇌의 활동을 교란하여 불안 및 기분장애를 일으키기도 한다. 불규칙한 수면 습관으로 수면리듬이 깨져 뇌의 기능이 떨어지면 내면의 불안이 커진다. 아침에 일정한 시간에 일어나고 밤에 일정한 시간에 잠드는 규칙적인 수면 습관은 불안장애를 예방하는 하나의 방법이 될 것이다.

셋째, 소화불량을 잘 다스린다. 우리의 위장관에는 많은 신경세포가 존재한다. 그래서 평소 위장관을 잘 관리하여 규칙적인 배변 습관을 갖게 하고, 신체 내에서 세로토닌으로 전환되는 트립토판이 충분히 함유된 음식물을 섭취하여 위장관으로 인한 스트레스를 줄여 보자. 위장관의 신경세포가 안정되는 것도 불안을 조절하는 데 도움이 된다. 평소 긴장을 풀기 위해 몸을 이완시키는 훈련을 하는 것도 도움이 된다.

넷째, 공포심이 들 때 나의 공포심을 객관적으로 평가한다. 어떤 자극이 주어졌을 때 나의 반응에 대해 제3자의 눈으로 살핀다. 나의 반응은 과연 적절하고 합리적인가? 남들보다 과하지는 않은가? 만약 과거에 나쁜 자극을 경험했다면, 유사한 상황에서 신경이 예민해지고 과민반응을 보이기 쉽다. 그러나 이런 경우에도 자신의 반응에 대한 객관적인 평가를 반복한다면 과민반응이 줄어들 것이다. 다만 아무런 자극도 없는데 갑자기 극심한 공포를 느낀다면 전문의를 통해 원인을 찾고 진단을 받는 것이 필요하다.

다섯째, 덜 완벽해도 괜찮다고 생각한다. 지나친 완벽주의와 자기 회의감은 사실 성격적인 측면이 많다. 성격은 쉽게 바뀌기 어렵다. 그러나 완벽주의적 성향이 있더라도 어떤 경우에는 조금 덜 완벽해도 괜찮다는 것을 생각해 보면 좋다. 특히 대인관계는 완벽할 수가 없다. 완벽한 인간관계를 갖기 위해 너무 애쓰면 오히려 관계가 불편해질 수 있다.

자기 회의감도 어려서부터 가져온 성격적인 측면이 많기는 하지만, 자기 회의감이 들면 객관적으로 그런 자신을 돌아보자. 과연 이 상황에서 내가 나를 비하하는 것이 옳은가? 그 상황에서 나로서는 최선으로 선택한 결과가 아니었던가? 만약 다음에 비슷한 상황을 만났을 때 취할 수 있는 좀 더 합리적이고 긍정적인 방안이 있다면 무엇일까? 이런 식으로 생각을 전환해 볼 수 있다. 또한 작은 것이라도 성취감을 느낄 수 있는 활동을 적극적으로 해나가는 것도 자기 회의감을 줄이는 데 도움이 된다.

"

불안장애는 조기 발견과 조기 치료가 매우 중요하다.
불안장애를 치료하지 않으면
다른 많은 정신 증상과 질환들이
동반되기 때문이다.

"

# 불안장애,
# 방치하면 안 되는 이유

# CHAPTER 6

# 다양한 불안장애의
# 발병시기와 경과, 예후

불안장애는 불안이 나타나는 양상이 다양한 만큼 각각의 질환과 발달과정, 예후도 다 다르다. 그러나 대부분의 불안장애가 이른 나이에 시작될수록 만성화되기 쉽고, 다른 불안장애나 우울증 같은 기분장애와 함께 나타나기도 쉽다. 모든 질환이 그렇지만, 조기 발견과 조기 치료가 중요한 이유다.

각 불안장애별 경과와 예후를 살펴보자.

분리불안장애는 12세 미만에서 가장 흔하게 나타난다. 어린 나이에 발병하고, 청소년기에 발병하는 경우는 드물다. 어릴 때 분리불안이 있었더라도 성장하면서 잠잠해지는데, 가족과 헤어져야 하는 상황에서 다시 불거질 수 있다. 예를 들어 학교에서의 캠프 활동, 이사, 기숙사 생활, 배우자의 출장, 자녀의 출가 등처럼 중요 대상과 분리되는 시기에 분리불안의 모습을 보이기 쉽다. 소아기에 발병 후 일부에서는 완전히 사라지지만 일부에서는 다른 불안장애로 발전되기도 한다. 분리불안장애가 소아기에 발병했고, 힘들어하긴 했어도 그런대로 학교생활을 지속했다면 대부분 예후가 양호한 편이다. 다만 사춘기 이후에 분리불안이 드러나 학교에 가지 못하거나, 적대적 반항장애, 주의력결핍 과잉행동장애 등을 동반한 분리불안인 경우 예후가 나쁘다.

선택적 함구증은 대개 5세 이전에 발병하고, 발병률도 매우 낮은 편이다. 그러나 가족들이 아이의 언어 발달이 다소 늦는 정도라고 여기고 방치해 학교에 들어가서야 증상이 발견되는 경우가 많다. 선택적 함구증이 있는 경우 반 정도는 성인기에도 독립심, 사회적 성취, 사회적 의사소통 부분에서 문제를 보이며, 일부는 사회불안장애로 발전한다. 12세 이전에 호전되면 예후가 좋으나, 12세 이후에도 지속되면 예후가 좋지 않은 편이다.

특정공포증은 평균 발병 연령이 10세로 알려져 있으나, 실제로는 대부분 10세 이전에 발병한다. 특정공포증 중에 상황형은 자연환경형, 동물형, 혈액-주사-손상형에 비하여 다소 늦게 발병한다. 상황형은 초기 성인기에 발병하는 경우가 많다.

소아기에 특정공포증이 있는 경우 성장하면서 자연스럽게 없어지기도 하지만, 성인기에도 남아 있다면 지속되는 경우가 많다.

노년기에 상황에 대한 공포증이 생기기도 하는데, 낙상에 대한 공포가 가장 많고 다른 질병과 함께 발병하는 경우가 많다.

사회불안장애가 있는 사람 중 75%는 후기 아동기(8세)부터 초기 청소년기(15세)에 발병했다고 알려져 있다. 발병 후 실제 치료를 받기까지 10년 이상이 걸렸다는 보고도 있다. 수줍음이나 부끄럼이 많은 아동이나 청소년으로 간주하고 아이의 불안을 방치하다가, 성인이 되어 사회 활동이 증가하고 역할의 수행과 연계되면서 스스로 치료의 필요성을 느끼고 병원을 찾는 경우가 많다.

청소년기에는 다양한 상황에서 공포심이나 회피 행동을 하는 반면, 초기 성인기에는 특정 상황에서 공포심이나 회피 행동을 보인다. 노년기에는 불안 증상의 정도가 약하지만 더 광범위한 상황에서 나타난다. 사회불안장애를 치료받지 않는 경우 60%가 수년 이상 증상이 지속된다고 보고되므로, 아동·청소년 자녀를 둔 경우 아이의 불안 정도를 체크하고 면밀히 관찰해 치료의 적기를 놓치지 않도록 한다. 성인도 일상생활을 더 건강하게 해나가도록 적정한 치료를 미루지 말아야 할 것이다.

공황장애는 평균 발병 연령이 25세라고 보는데, 미국의 경우 22~24세 사이라고도 한다. 그러나 위험요인이 어느 세대에서든 있을 수 있기에, 청년기가 아니어도 언제든 발병할 수 있다. 공황장애의 위험요인은 청장년층의 나이, 여성, 사회경제적 자원의 결핍, 흡연, 어린 시절의 외상적 사건, 불안성 기질, 이혼이나 이별 등의 스트레스를 받은 이후에 주로 나타난다. 적절한 치료를 받지 않으면 만성화되는 경향이 있다. 예를 들어 한동안 증상이 심하게 자주 나타나다가, 수년간 증상이 없다가, 이후 다시 나타나기도 한다. 광장공포증을 동반하지 않은 공황장애라면, 범불안장애나 사회불안장애보다 예후가 좋은 편이다. 우울장애나 다른 불안장애, 알코올 등 물질사용장애가 동반되면 예후가 나쁘다.

광장공포는 3분의 2 정도가 35세 이전에 발병한다고 한다. 청소년기 후기나 성인기 초기에 가장 많이 발병하고, 40대 이후에 두 번째로 많이 발병한다. 아동기에는 드물고, 평균 발병 연령은 17세 정도다. 대부분 만성적이어서 치료를 받더라도 증세가 완전히 사라지는 경우가 드물다. 그만큼 재발이 흔하게 일어난다. 특히 다른 불안장애, 우울장애, 알코올 등 물질사용장애와 같은 동반질환이 있으면 증상이 사라지기 쉽지 않다. 단, 공황장애가 동반된 광장공포증의 경우 공황장애가 나으면 광장공포증도 점차 호전된다.

범불안장애는 평균 발병 연령이 30세로 다른 불안장애보다 다소 늦게 발병하는 것이 특징이다. 청소년기 이전에 발병하는 경우는 드물다. 그러나 범불안장애가 있는 이들은 상당수 평생 동안 늘 불안하고 긴장감이 높았다고 보고된다. 정도가 심했다가 약해지는 양상을 반복하면서 장기적으로 만성화되기 쉽다. 자신의 불안을 병이라고 인식하지 못해 정신건강의학과에서 치료받는 비율도 전체 환자의 약 3분 1 정도로 낮다. 범불안장애는 두통이나 다른 다양한 신체 증상을 동반하는 경우가 많아 주로 다른 과에서 검사 및 진료를 받는다. 우울장애나 알코올 사용장애 등 다른 질환이 동반되는 경우 예후가 나쁘다.

강박장애는 평균 발병 연령이 19.5세이고, 약 4분의 1은 14세 정도에 발병한다고 한다. 그러나 35세 이후에 최초로 발병하기도 한다. 발병 후 치료받기까지 평균 7년이 소요된다는 보고도 있어 치료가 늦어지는 질환 중 하나다. 남성이 여성보다 더 이른 나이에 발병하는데, 남성 환자의 약 4분의 1은 10세 이전에 발병한다는 보고도 있다. 치료받지 않는 경우 만성화되고 증상의 호전과 악화를 반복한다.

특히 아동·청소년기에 발병하는 경우 40% 정도는 성인기에 사라지지만 평생 지속되는 경우도 상당하다. 치료받지 않는 경우, 40년 후에 20% 정도에서 증상이 사라지지만 대부분은 지속된다.

강박 증상의 양상은 시간이 지나면서 바뀌기도 한다. 오염에 대한 강박이 있던 사람이 순서나 정리정돈에 대한 강박으로 바뀌거나 반복적 확인 등의 행동 양상을 보이기도 하는 것이다. 치료를 받으면 첫 4개월과 1년에 각각 25%의 환자가 증상의 호전을 보이지만, 치료 2년 후 경과를 봤을 때 완전 소실되는 경우는 12%에 불과했다. 그만큼 치료가 쉽지 않은 질환이다.

불안장애가 어린 나이에 발병한 경우, 증상이 심한 경우, 동반 질환이 있는 경우 예후가 나쁘다. 특히 우울증 등의 기분장애가 동반되면 자살 위험이 높으므로 주의가 필요하다.

# 다른 많은 정신증상과 질환이
# 동반된다

**불**안장애는 조기 발견과 조기 치료가 매우 중요하다. 불안
장애를 치료하지 않으면 다른 많은 정신 증상과 질환들이
동반되기 때문이다. 불안장애에 동반되는 대표적인 질환은 우울
장애 및 양극성장애(기분이 매우 팽창된 조증이나, 조증과 우울증이 번갈아
또는 혼재되어 나타나는 기분장애)와 같은 기분장애, 다른 불안장애, 알
코올 또는 물질사용장애 등이다.

불안장애별로 동반되는 질환에는 다소 차이가 있다.

분리불안장애는 아동의 경우 범불안장애나 특정공포증이 자
주 동반된다. 부모와 같은 의존 인물이 옆에 없으면 잠을 자지 못
하는 수면장애도 흔하다. 성인의 경우는 특정공포증, 외상 후 스
트레스 장애, 공황장애, 범불안장애, 사회불안장애, 광장공포, 강

박장애 및 성격장애(회피성성격장애)가 자주 동반된다. 성인기에 분리불안장애가 발병한 경우 우울장애 및 양극성장애도 자주 동반된다.

선택적 함구증은 다른 불안장애가 자주 동반된다. 사회불안장애가 가장 흔하며 분리불안장애, 특정공포증이 자주 동반된다. 반항적 행동도 흔한데, 특히 주위 사람들로부터 말하라고 강요받는 경우 그런 태도를 내보이기 쉽다. 발달지연, 언어장애, 배설장애도 동반될 수 있다.

특정공포증은 다른 장애와 동반되는 양상으로 주로 나타난다. 대개 어렸을 때 특정공포증이 발병하고 이후 다른 동반 질환들이 나타나는데, 동반 질환으로는 다른 불안장애, 우울장애 및 양극성장애, 알코올 등의 물질사용장애, 신체 증상 및 관련 장애, 성격장애 등이다. 성격장애 중에서는 의존성 성격장애가 흔하다. 노인에게서 특정공포증이 있는 경우 우울증이 동반되는 경우가 많아 주의가 필요하다.

사회불안장애는 다른 불안장애, 주요우울장애, 물질사용장애가 흔히 동반된다. 대개 사회불안장애가 10대 초반에 나타나고, 이후에 다른 질병들이 동반된다. 성격장애 중에서는 회피성 성격장애가 동반된다. 사회불안장애는 사회적 고립을 유발하기 때문에 우울증을 흔히 동반하고, 특히 노년기에 더욱 그렇다. 그 외에도 양극성장애나 신체형장애가 동반되기도 하는데, 신체형장애는 신체 증상을 호소하지만 뚜렷한 의학적 원인이나 기전 없이 심리적 요인이 주된 요인으로 나타나는 경우다.

공황장애는 다른 불안장애, 주요우울장애, 양극성장애, 알코올 사용장애가 흔히 동반된다. 공황장애 환자가 우울장애를 동반할 확률은 10%에서 65%로 다양하게 보고되는데, 두 가지 질병 중에 우울장애가 먼저 나타나는 경우가 약 3분의 1이고, 나머지는 공황장애가 먼저 나타나거나 동시에 발병한다. 알코올 사용장애도 약 10%에서 30%의 환자에게서 동반되는데, 알코올 사용장애와 다른 약물 사용장애는 공황장애를 자가 치료하려는 시도에서 주로 나타난다. 질병불안장애도 공황장애의 각종 신체 증상 때문에 흔히 동반된다. 자살과도 관련되어 공황장애 환자 중 20%가 자살을 시도한다는 주장도 있다. 특히 우울장애, 경계성 성격장애, 알코올 사용장애가 동반된 경우 자살의도가 심각하다. 강박장애, 사회불안장애가 동반되기도 쉽다.

광장공포증은 대개 다른 불안장애와 같이 나타난다. 대표적인 동반질환은 특정공포증(상황형), 공황장애, 사회불안장애 등의 다른 불안장애와 주요우울장애, 급성 및 외상 후 스트레스 장애, 알코올 사용장애 등이다. 다른 불안장애들은 대개 불안장애가 먼저 나타나고 이후에 광장공포가 나타나는 반면, 우울장애나 물질

사용장애는 광장공포가 먼저 나타나고 이후에 발병하는 특징이 있다.

범불안장애는 다른 불안장애와 우울장애를 흔히 동반한다. 범불안장애가 오래 지속되다가 공황장애가 나타나기도 한다. 다른 불안장애에 비하면 상대적으로 물질사용장애를 동반하는 비율은 적은 편이다. 그러나 우울증이나 물질사용장애가 동반되는 경우 기능적 손상이 심하고 만성화되어 예후도 나쁘다.

강박장애도 많은 동반 질환을 가지는 대표적인 병이다. 강박증이 있는 사람 중 약 3분의 2 이상이 다른 정신질환을 동반한다고 한다. 그중에서 가장 흔한 것은 공황장애, 사회불안장애, 범불안장애, 특정공포증이다. 우울장애 및 양극성장애도 흔한데 약 42%가 우울장애를 동반한다고 한다. 우울 증상이 동반된 강박장애의 경우 강박 증상의 정도가 심하고, 특히 강박행동보다 강박사고가 더 많고 자살시도도 더 많은데 이러한 증상이 만성적인 경과를 보인다고 한다. 강박성 성격장애도 20%에서 30% 정도가 동반된다고 한다. 강박장애에 틱장애가 동반되는 경우도 약 30%이고, 신체이형장애 등 강박관련장애도 흔히 동반된다.

강박장애의 동반은 분리불안장애를 제외한 다른 불안장애와 외상 후 스트레스 장애보다 늦게 나타나고, 우울증보다는 더 어린 나이에 발병한다.

소아·청소년기의 강박장애는 주의력결핍장애나 틱장애가 흔히 동반된다. 성인기에 발병한 강박장애의 경우 우울장애와 불안장애가 동반되는 경우가 흔한데, 조현병이나 조현정동장애(조현병의 주요 증상과 기분장애 증상이 함께 보이는 질환)가 있는 사람 중 약 10%에서 20%에게서 강박장애가 있다고 보고되기도 한다.

# 우울할 때 2배, 불안할 때 4배의
# 치매 발병률

나이가 들면서 내 몸이 예전 같지 않다고 느끼면 나이 듦에 대한 회한과 함께 각종 질환에 대한 염려가 생긴다. 어떤 질환이든 괴롭기 마련이지만, 가장 두려워하는 병을 꼽으라고 하면 치매를 가장 많이 꼽는다.

노령화가 진행되면서 치매는 이미 세계 사망률 5위의 중요 질병이 되었다. 우리나라도 노령사회에 접어들면서 치매에 대한 불안은 매우 높아졌다. 치매보험이 인기인 것도 이와 무관하지 않다. 그런데 불안장애와 같은 정신 건강에 문제가 있는 경우 치매 발병률이 더 높다면 어떨까?

이는 실제로 많은 연구에서 밝혀낸 바다. 우울의 경우 약 2배, 불안의 경우 약 4배 정도 치매의 발병 가능성을 높인다는 연구도 있다. 불안과 우울의 증상으로 병원을 찾은 이들을 검사하고 치료하는 과정에서 치매가 발견되는 것이다.

최근에는 불안이나 우울과 같은 정신 건강의 증상이 치매의 선행증상이라는 주장도 제기되었다. 치매는 서서히 지속되는 만성 질환인데, 초기에는 불안, 우울과 같은 증상이 나타나다가 후에 인지기능 저하가 나타나 치매로 진행된다는 것이다. 물론 치매의 정신행동 증상 중 하나도 불안이다. 치매 환자의 대부분이 불안을 경험하고, 알츠하이머병 환자는 불안만 보이는 경우도 있고 우울 등의 다른 정신 증상을 같이 보이기도 한다.

치매 환자는 과거와 달리, 자신의 재정, 건강, 미래에 대한 걱정을 표현한다거나 집을 벗어나는 것에 대한 불안을 보이기도 한다. 불안을 느끼면 향후 다가올 미래에 대하여 반복적으로 질문하는 증상도 보이는데, 이를 베케트의 극작품 〈고도를 기다리며〉의 스토리에 비유하여 '고도증후군Godot syndrome'이라고도 부른다. 인지 기능이 저하되면서 주변 상황을 파악하고 문제에 대처하는 능력이 저하된 결과다. 알츠하이머병 환자의 1.6%에서 4.5%에게서 고도증후군이 발견된다. 같은 질문을 반복해서 받으면 보호자들의 심적 부담은 그만큼 늘게 된다.

치매 환자는 혼자 남겨지는 것에 대한 불안도 자주 호소한다.

그래서 보호자가 집이나 방을 나서려고 하면 불안해한다. 자신을 혼자 내버려 두지 말라고 반복적으로 호소하기도 한다. 사람이 많은 곳이나 낯선 곳으로 여행을 가는 것, 어두움, 목욕 등을 불안해한다고 알려져 있다. 물론 치매가 발병하기 전부터 가지고 있던 신경증적 성격 특질이 치매가 발병한 이후 불안과 같은 정신 증상을 더 쉽게 유발시키는 것이라고 보기도 한다.

　치매 환자에게서 나타나는 증상이 불안이 아닌 외상 후 스트레스 장애일 수도 있는데, 이를 감별할 필요가 있다. 치매 환자가 불안으로 인해 내보이는 다양한 정신 및 행동 증상이 외상 후 스트레스 장애가 있는 경우의 증상과 비슷하기 때문이다.

　미국에서 아시아계 및 히스패닉계 노인들을 대상으로 연구를 하였는데, 아시아계 노인에게서 인지기능의 저하가 있는 경우 외상 후 스트레스 장애도 발견되는 경우가 매우 높았다. 이는 치매 증상을 보이는 경우 숨어 있던 외상 후 스트레스 장애가 발견될 수 있음을 보여 준 결과다.

　불안과 우울이 치매의 전조증상이라면, 더더욱 그러한 증상이 계속되도록 둘 수는 없을 것이다. 불안과 우울한 감정을 만들어 내는 생각 습관이 고착화되어 있다면 이를 바로잡아 해당 감정이 쉽게 일어나도록 만들지 않아야 한다. 부정적 생각이 습관처럼 일어나듯, 부정적 감정도 습관처럼 자동화 반응이 일어날 수 있다. 불안과 우울이 불안장애와 우울장애로 커지기 전에, 스스로 뇌의 건강을 바로잡기 위해 노력해야 한다. 정신 건강을 지키려는 적극적인 의지와 노력이 현대인이 그토록 불안해하는 치매를 예방하는 방법이다.

# 불안장애는 자살 위험도를 높인다

OECD 국가 중 자살률 1위라는 오명을 아주 오래도록 안고 있는 한국에서 자살은 매우 심각한 사회문제이자 정신적 문제다. 사망자의 사망 원인을 찾기 위해 부검을 하듯이 어떤 연유에서 자살을 선택했는지 자살자에 대한 심리부검을 실시하기도 하는데, 자살자의 상당수가 정신적 문제와 연관되었다. 특히 우울증 등의 기분장애, 알코올 사용장애, 조현병 등이 주요 원인으로 지목된다. 불안장애는 그 자체만으로 자살의 직접적인 원인으로 꼽히지는 않지만, 불안장애가 있는 사람이 제대로 치료받지 못하는 경우 우울장애나 알코올 사용장애 등의 합병증이 나타나기 쉬우므로 일부 연구에서는 불안장애를 자살과 연관되는 주요 질환으로 보기도 한다.

캐나다 매니토바대학교 신경정신과학 박사인 지텐더 샤른과 연구팀은 3년간의 추적연구를 통하여 불안장애 환자들의 평생유병률과 자살의 연관성을 확인하고자 하였는데, 연구 결과는 사회불안장애, 특정공포증, 공황장애, 광장공포증, 강박장애가 모두 자살의도나 자살시도와 연관된다고 보았다. 또한 불안장애 환자가 우울증 같은 기분장애를 동반하는 경우, 기분장애만 가진 환자들에 비하여 자살시도를 하는 경우가 더 많다고도 보고하였다.

범불안장애가 있는 경우 자살 위험도가 일반인구보다 높다고 하는데, 역시 우울증과 같은 기분장애가 동반된 경우 그 위험도가 더욱 높아진다고 본다. 공황장애 환자의 약 9%가 자살행동을 했다는 보고가 있다. 특히 공황장애가 발병한 초기에 자살을 시도한 경우에는 기분장애, 알코올 사용장애, 외상 후 스트레스 장애, 식이장애, 성격장애 등이 동반된 경우가 많았다. 다른 정신질환이 동반되지 않은 공황장애의 경우 자살시도는 흔하지 않았다. 강박장애의 경우 약 25%의 환자가 자살시도를 한 경험이 있다는 보고도 있다.

사회불안과 자살의 연관성에 관한 연구는 많이 이루어진 편이다. 사회불안장애 환자의 경우 자살을 하겠다고 마음먹는 자살의도, 자살을 시도해 본 적이 있는 자살시도가 적지 않게 보고되는데, 일반인을 대상으로 한 연구에서도 사회불안과 관련한 소속감, 부담감, 수치심 등의 이유로 자살에 대해 생각하는 자살사고나 자살의도를 가졌던 경우가 많았다.

신경정신과학 박사인 이시형과 연구팀은 사회공포증에 관한 10년간의 임상연구를 통해, 838명의 사회불안장애 환자 중 심각하게 자살을 생각한 경우 32.4%, 실제 자살을 시도한 경험이 있는 경우가 14.1%라고 보고하였다. 물론 사회불안장애 단독적인 영향이라기보다 알코올 사용장애나 우울장애와 같은 동반질환에 대한 연구가 이어져야 한다는 점을 제시하고 있다.

미국 마이애미대학 심리학 박사인 킴벌리 아르디티와 연구팀은 사회불안이 수치심, 좌절된 소속감, 인지된 부담감 등의 요인을 통하여 간접적으로 자살 위험을 높인다고 보고하였다. 사회불안, 특히 수치심이 잠재적으로 자살의도를 높일 수 있으므로, 사회불안을 호소하고 우울감을 동반한 경우 자살의도를 확인하는 것이 중요하다고 지적한다.

미국 루이지애나주립대학의 심리학 박사인 줄리아 버크너와 연구팀은 사회불안이 높은 자살사고와 관련이 있으며 780명의 대학생 연구에서 사회불안이 좌절된 소속감, 인지된 부담감 등의 요인과 간접적으로 연관되어 자살사고를 높인다고 보고하였다. 특히 대인관계 기능에 어려움이 있을 때 느끼는 사회불안이 잠재적으로 자살의도를 높인다고 보고한다.

종합해 보면, 불안장애 자체가 자살시도나 자살사고를 일으키는 주요 요인으로 꼽히지는 않지만, 불안장애가 기분장애나 알코올 사용장애와 동반되는 경우에는 자살시도나 자살사고를 하는 경우가 매우 높아졌다. 불안장애를 적기에 치료하지 못하는 경우 다른 정신 건강 문제를 일으킬 수 있음을 기억해야 한다.

# 불안을 극복할
# 방법은 있습니다

# 내 마음과 생각을 읽는 훈련

최근 불안장애뿐 아니라 각종 정신건강 문제를 다스리는 데 있어 마음챙김 명상이 효과가 있다는 연구가 많다. 스트레스를 낮추고 긴장과 불안을 다스리는 해결책으로 제시되는데, 실제로 이에 기반한 인지치료가 불안장애 치료에 효과적이라고 보고되고 있다.

불안을 호소하는 아이들을 대상으로 한 마음챙김 기반 인지치료의 효과가 보고되기도 하였다. 이 연구는 52명의 불안한 아이들을 두 집단으로 나누어 한 집단에서는 마음챙김 기반 인지치료를 제공하고 다른 한 집단은 인지행동치료만 제공한 결과, 12주후 마음챙김 기반 인지치료 집단에서 불안 감소 효과가 더 크게 나타났다.

자녀 양육을 다루는 책이나 방송 프로그램을 보면 자녀의 마음이나 감정을 대하는 방식이 종종 소개된다. 이 방식을 적용해 보는 것도 좋다. 마음이 정돈되지 않아 헝클어진 기분일 때, 뭘 해도 안절부절못하고 마음이 복잡해질 때, 최근에 생긴 특정한 일 때문에 불안하거나 마음이 계속 다운될 때 다음과 같이 적용해 보자.

먼저, 순간의 감정과 생각을 문장으로 표현해 본다. 스트레스를 받고 있는 자신을 제3자의 눈으로 바라보면서 내 마음을 읽어 본다. '지금 사람들 앞에서 지적을 받아 부끄럽구나.' '안 좋은 일이 일어날까 봐 불안하구나.' '음료수 캔이 아무렇게나 놓여 있으니 엄청 지저분하게 느껴지는구나.' '인사를 안 하고 지나친 친구가 나를 미워하는 것은 아닐까 걱정되는구나.' '다른 사람들의 시선이 부담스럽구나.' '내가 세운 기준보다 부족한 결과가 나와서 아쉽구나.' 이렇게 내 마음을 관찰자의 시선으로 바라보고 그대로 읽어 본다.

두 번째는 '그렇구나'라고 인정한다. 떠오르는 감정을 판단하지 말고 그대로 받아들인다. 그 상황에 그런 감정이 드는 것은 그럴 수 있다고 생각한다. 그 감정을 읽어 주고 난 다음에는 '그렇구나, 지금 이런 상황에서 이런 기분이 들었구나'라고 정리해 본다. 사고나 행동을 교정하는 것은 그 다음이다. 여러 가지 상황에서 다양한 감정이 들 수 있다. 그러면 그런 감정이 든 나 자신을 비난하거나 평가하지 말고 그대로 받아들인다. 내 감정을 내가 먼저 수용해 주고 읽어낸 후에야, 그 감정이 들게 만든 생각의 흐름, 상황을 왜곡되게 해석한 인지 기능을 바로잡기 위한 단계로 나아가게 된다.

이러한 두 단계를 적용하다 보면, 기존에 '불안하다' '우울하다' 등으로 뭉쳐져 있던 감정이 풀어지면서, 내가 주로 어떤 상황에서 부정적인 감정이 드는지, 부정적인 감정은 주로 무엇으로 드러나는지를 살필 수 있다. 내 마음 상태를 인지하고, 상황을 문장으로 풀어보는 것은 정신건강을 다스리는 데 매우 도움이 된다. 그래야 그 상황에 대한 나의 해석과 그에 따르는 감정이 맞는지 확인해 볼 수 있다. 문장으로 풀어 놓은 나의 생각 흐름을 보면 어떤 부분을 너무 부정적으로 해석하거나, 혹은 내가 표현하는 반응이 얼마나 과도한지 깨달을 수 있는 기회가 된다.


마음챙김은 앞서 살펴본 두 가지 단계를 적용하는 것과 비슷하다. 생각을 멈추고, 자신이 현재 어떤 생각을 하고 있고 어떤 느낌이 드는지 알아차리는 것이다. 그리고 상황을 부정적으로 해석하고 부정적으로 반응하는 대신, 있는 그대로 관찰하고 받아들이는 훈련으로 이어진다.

부정적 사고와 감정을 객관적으로 관찰함으로써, 궁극적으로는 부정적 사고와 감정에서 벗어날 수 있게 된다. 해당 사건을 다시 합리적으로 해석하고, 내가 두려워하던 대상과 새로운 관계를 맺을 수 있도록 돕는 식으로 치료에 적용한다.

아이가 자신의 감정이 무엇인지, 자신이 왜 슬프고 어떤 상황에서 화가 나는지 몰랐던 것을, 어른인 부모가 대신 읽고 받아주는 과정을 통해 아이가 위로받고 성장하는 것처럼 나의 마음을 관찰하고 이해하는 것이다. 나의 내면에 너무 오래도록 반복되던 부정적 사고의 흐름과 감정은 어린아이처럼 미성숙한 경우가 많다. 우리는 성인이고, 나를 객관적으로 살필 수 있는 인지기능도 성숙했다. 다만 제대로 사용하지 않았을 뿐이다. 이제 그 인지기능을 활성화시켜 나에게 적용해 보자.

실제로 이러한 마음챙김 기반 인지치료의 효과는 매우 좋은 편이어서, 장기적으로 항우울제를 복용하던 환자 집단에게 이 방법을 적용했더니 약물을 더 쉽게 중단할 수 있었다는 연구 결과도 있다. 불안 및 우울장애뿐 아니라 공황장애, 범불안장애, 사회불안장애, 강박장애, 외상 후 스트레스 장애와 같은 많은 불안장애에도 효과를 보인다고 알려져 있다.

스트레스가 많거나 불안해하는 자신을 발견한다면, 생각을 잠시 멈추고 그 감정을 읽어 내자. 그리고 자신의 인지기능 스위치를 켜는 모습을 상상하고, 생각의 흐름을 읽기 시작해 보자.

# 뇌의 불안회로를 잠재우는 운동

스로 불안을 이기기 위한 방법 중 대표적인 것이 운동이다. 스웨덴의 정신건강의학과 전문의 안데르스 한센은 스트레스로 활성화된 뇌의 불안 회로를 잠재우기 위한 가장 효과적인 방법으로 운동을 꼽았다. 한센 박사는 불안에 시달리는 대학생들을 대상으로 연구했는데, 한 팀은 2주간 격렬하게 운동했고, 한 팀은 2주간 가벼운 걷기나 달리기만 시행하게 한 후 불안 정도의 변화를 비교했다. 그 결과 두 집단 모두 현저하게 불안의 정도가 낮아졌고, 이 효과는 일주일간 지속되었다고 한다. 즉, 운동은 강하게 하든 약하게 하든 불안을 낮추는 데 분명 효과가 있다.

운동은 뇌의 불안회로에 브레이크를 거는 효과가 있다. 또한 경직된 몸을 이완시켜 불안의 정도를 낮추기도 한다. 힘들게 운동하고 난 후 땀을 흘리며 쉴 때, 우리는 비로소 이완되는 느낌을 받게 된다. 몸을 이완시키면 자율신경계의 부교감신경이 활성화된 상태가 된다. 교감신경일 때 혈관이 수축되고 혈압이 올라가고 잔뜩 예민해진 상태였다면, 부교감신경일 때는 혈관이 느슨해지고 혈압이 정상화되며 마음도 편해진 상태다.

사람들에게 팔에 힘을 빼라고 하면, 많은 사람이 어떻게 힘을 빼라는 것인지 이해하지 못한다. 이때 팔에 온 힘을 주었다가 천천히 힘을 빼 보라고 하면, 전보다 수월하게 힘을 빼는 법을 배운다. 이는 실제로 근육이완 훈련에서 적용하는 방법이다. 이완하고 싶은 근육군에 먼저 힘을 잔뜩 주었다가, 호흡을 천천히 하면서 힘을 빼면 완전히 이완된 상태를 경험할 수 있다. 힘을 빼려면 힘을 쓰고 난 뒤라야 보다 잘 이완되기 때문에, 운동하고 난 후 이완되는 효과가 더 크게 느껴지는 것이다. 몸이 이완되면 불안한 정서가 가라앉는 효과가 있다.

그런데 한센 박사는 불안을 줄이기 위해 운동과 이완 중 하나를 고르라고 하면 운동을 고른다고 말한다. 단순 이완보다 운동을 통한 이완이 훨씬 더 효과적이라는 의미다. 운동 후에 보다 완전한 이완을 경험하게 되면 불안의 감소 효과는 훨씬 더 커진다.

불안을 줄이려면 어떤 운동이 좋을까? 이완을 위해 운동한다면 유산소 운동이 불안을 낮추는 데 더 효과적일 가능성이 높다. 유산소 운동에는 걷기, 달리기가 있는데, 걷기도 불안을 낮추는 데 좋지만, 한센 박사의 실험에 따르면 걷기보다 달리기를 한 학생군에서 더 효과가 좋았다.

어느 정도로 운동해야 하느냐에 대한 기준은 사람마다 다르지만, 심장박동수를 올릴 정도의 운동이어야 한다. 그 정도는 사람의 신체 상태에 따라 다르다. 젊고 건강한 사람은 심장박동수를 올리기 위해 보다 강렬한 운동을 해야 한다. 그러나 연령층이 높거나 체력이 약한 사람은 적은 강도의 운동으로도 심박수가 올라간다. 전문가들은 최대 심박수의 약 70%까지 올릴 수 있는 운동이 효과적이라고 본다.

이는 심박 변이도 연구에서 유래한 것으로 생각되는데, 공황장애를 비롯한 불안장애 환자의 심박 변이도를 연구한 결과, 심박 변이도가 낮을수록 공황장애를 비롯한 불안장애에 걸릴 확률이 올라갔다. 평소 심박 변이도가 낮은 사람일수록 상황에 따라 변화하는 심장박동수에 잘 적응하지 못하기 때문으로 보인다. 따라서 평소에 운동을 통해 자신의 최대 심장박동수의 70% 정도까지 올리는 운동을 하면, 심박수 변화에 대처하는 능력을 기를 수 있다. 걷기만으로도 심박수가 올라가면 걷고, 달려야만 심박수가 충분히 올라간다면 달린다. 자신의 신체 능력에 맞게 결정하면 된다.

# 불안감을 낮추는 음식 10가지

일상에서 먹는 음식이 나를 만든다는 말이 있다. 내가 먹는 음식이 신체 건강에 영향을 미친다는 것은 잘 알지만, 뇌 건강 특히 정신질환을 유발하는 데 영향을 미친다는 것은 잘 모르는 경우가 많다. 그런데 실제로 좋은 음식과 적절한 영양식은 불안을 가라앉히고 안정을 가져온다. 반대로 어떤 음식은 불필요하게 뇌를 자극해 불안과 우울의 감정 등을 유발하기도 하므로, 불안이 심하거나 불안장애가 있는 경우라면 식단을 점검하는 것이 필요하다.

미국영양전문가협회 회장을 지낸 영양 전문가 트루디 스캇 박사는, 불안을 극복하기 위한 방법으로 음식을 제시한다. 그중 중요한 내용 일부를 소개하면 다음과 같다.

첫째, 진짜 음식, 질 좋은 음식을 섭취한다. 스캇 박사는 최대한 가공하지 않은 식품을 있는 그대로의 자연 상태로 섭취하라고 말한다. 특히 해당 지역에서 나오는 제철 음식을 섭취해야 한다. 여기서 '진짜 음식'이란 신선하고 잘 썩어서 오래 둘 수 없는 음식을 의미하는데, 농약을 치지 않은 유기농 식품을 신선한 상태에서 먹으라고 권한다.

우리가 섭취하는 음식은 신경전달물질과 뇌 호르몬의 중요 구성 물질로 전환되기 때문에, 좋은 음식을 섭취하는 것은 불안을 잠재우는 데 필수적이다. 예를 들어 달걀의 단백질은 아미노산의 공급원이 되고, 붉은 육류의 아연이나 녹색 채소의 마그네슘, 곡물의 비타민B, 등푸른생선의 오메가3, 채소와 과일에 담긴 항산화제 등은 정신건강에 도움을 주는 필수 영양소들이다.

의학의 아버지 히포크라테스도 음식은 약물과 같다고 말했다. 우리가 섭취하는 음식이 우리 몸 안에서 각종 연료로 작용하기 때문에 질 좋은 음식을 섭취하는 것이 중요하다. 따라서 가능하면 신선하고 자연에서 생산되고 농약이나 항생제를 사용하지 않은 식품을 선택하는 것이 좋다. 정신건강을 위해 양질의 음식을 선택해 먹는 일상의 식습관부터 바꾸자.

둘째, 충분히 자주 먹는다. 아침식사를 거르거나 다이어트 등의 이유로 낮에 음식을 충분하게 섭취하지 않으면 그 자체가 불안을 유발하기도 한다. 혈당이 떨어지면 불안, 예민함, 짜증의 감정이 나타나기 쉽다. 반드시 아침식사를 하고, 최소 하루 3번의 규칙적인 식사와 최소 두 번의 간식을 먹는 것이 불안을 예방하는 데 도움이 된다고 말한다.

셋째, 양질의 동물성단백질을 섭취한다. 단백질은 유제품이나 콩류, 채소류, 견과류, 씨앗 등을 통해서도 섭취할 수 있지만 가장 쉽게 공급할 수 있고 뇌에도 도움이 되는 음식은 고기, 가금류, 달걀, 생선이다. 단백질은 뇌 건강, 특히 기분을 조절하는 데 도움을 주는 세로토닌을 비롯한 각종 신경전달물질을 형성하는 데 절대적인 역할을 하기 때문에 반드시 필요하다. 붉은 육류에는 비타민 B6, 12와 비타민D, 아연, 철분, 셀레늄 등의 광물질이 함유되어 있어 이를 섭취하는 것이 중요하다. 특히 아연이나 비타민B6 등의 결핍은 불안장애와 연관되므로 충분히 공급해 주어야 한다.

해산물은 아미노산, 오메가3 지방산, 아연, 철분, 셀레늄, 비타민B2, 비타민A, 비타민D의 중요 공급원인데, 이러한 성분도 기분을 조절하는 데 매우 중요한 성분들이다. 특히 아연은 굴, 홍합, 조개, 게 등에 많이 함유되어 있다. 해산물도 양식이 아닌 자연산을 추천하는데, 양식 해산물의 경우 항생제나 인공색소 등이 포함될 가능성이 있어서다. 자연에서 잡힌 태평양 넙치, 대구 등이 질 좋은 해산물의 대표적 예다. 맑은 물에서 자란 송어, 정어리, 알래스

카 연어, 은대구, 청어 등도 오메가3 지방산이 풍부한 좋은 해산물이지만, 이들을 가공하여 캔에 담아 판매하는 식품은 피하는 것이 좋다. 캔에 중금속, 특히 수은과 같은 독성 물질이 들어갈 가능성이 있기 때문이다.

넷째, 신선한 채소와 과일을 섭취한다. 채소는 칼슘, 마그네슘, 망간, 칼륨, 아연의 필수 공급원이다. 비타민A, B, C, E, K 및 항산화제의 주된 공급원이다. 다만 채소와 과일을 섭취할 때 익히지 않을 것을 권하는데, 뜨거운 열에 많은 영양소가 파괴되기 때문이다. 이때에도 유기농으로 재배된 채소와 과일을 섭취할 것을 권하는데, 일부 연구에 따르면 농약에 자주 노출되는 농부들을 조사한 결과, 농약에 자주 노출되는 것과 불안장애를 비롯한 정신질환 사이에 연관성이 있다고 보고한다. 유·소아의 경우 아주 적은 농약에라도 노출되면 주의력 결핍장애의 위험성이 올라간다는 보고도 있다. 신선한 과일 섭취도 중요한데, 과일은 신선한 채소와 유사하게 우리 몸에 중요한 작용을 한다. 이 경우에도 농약에 노출되지 않도록 주의한다.

다섯째, 양질의 지방을 섭취한다. 지방은 신경계는 물론 호르몬 건강 등에 매우 중요하다. 건강식으로 주목받는 지중해식 식사법에서 핵심 재료인 올리브오일의 경우, 동물 연구를 통해 불안을 감소시키는 작용이 있다고 보고되기도 하였다. 아마씨오일이 광장공포증에 도움이 된다는 보고도 있다.

여섯째, 충분한 양의 물을 마신다. 스콧 박사는 하루 약 2리터의 물을 마시라고 조언하는데, 뇌가 활동하는 데 많은 수분이 필요하기 때문이다. 활동량이 많은 사람은 더 많은 양을 마셔야 할 것이다. 정수된 상태의 물이든, 레몬을 타거나 주스나 허브티 형태든 괜찮다. 중요한 것은 카페인이 없는 음료 상태로 물을 마시는 것이다.

일곱째, 콩류를 충분히 섭취한다. 콩류는 단백질과 탄수화물의 주된 공급원이다. 섬유질도 풍부하다. 문제는 소화인데, 콩류를 하루 반 충분히 물에 담가 불린 다음 채소와 함께 요리하여 먹으면 소화에 도움이 된다. 콩류를 소화하기 어렵다면 콩나물을 먹는 것도 한 방법이다.

여덟째, 탄수화물이 많은 신선한 채소를 섭취한다. 대표적인 것이 옥수수다. 이러한 채소를 먹는 데 알레르기 반응이 없다면 하루 1회 섭취하라고 권한다. 그러면 다른 곡물의 섭취를 줄일 수 있다. 이러한 채소를 요리할 때는 끓이는 것보다 증기로 열을 가하거나 굽는 것이 더 좋다.

아홉째, 글루텐이 함유되지 않은 곡물을 섭취한다. 글루텐이 없는 곡물이라면 하루 한 번 정도 섭취하는 것이 도움이 되는데, 탄수화물(전분)이 있는 곡물류와 글루텐이 포함되지 않은 곡물류를 번갈아 섭취하면 된다. 그중 갈색쌀과 줄풀쌀은 섬유질과 비타민 B가 풍부하여 건강에 도움이 되고, 퀴노아도 소화가 어렵지 않으면서 단백질이 풍부하여 에너지원으로 도움이 된다. 여기서 중요한 것은 요리 전에 곡물을 잘 씻는 것이다. 요리하기 최소 8시간 전에 물에 담가 두는 것도 소화를 돕는다고 한다. 귀리의 경우 아침에 오트밀을 만들려면 전날 밤 미리 물에 담가두어야 한다.

열째, 유제품 섭취다. 유제품은 단백질과 지방의 주공급원이다. 트립토판이 풍부하여 기분을 유지하는 데에도 도움이 된다. 유제품을 잘 소화하지 못하면 '유장whey'이나 남아시아에서 나오는 젖소의 우유로 만든 정제버터인 '기ghee'를 먹는 것도 좋은 대안이라고 한다. 우유를 발효시킨 요구르트는 좋은 유제품 중 하나로, 소화가 잘되고 프로바이오틱스와 유익한 박테리아가 함유되어 도움이 된다. 가공되지 않은 유제품들이 소화가 쉽다고 하지만 이들의 효과는 아직 불분명하며, 소젖에서 나온 우유가 더 좋은지 양이나 염소 우유가 더 좋은지는 각자의 경험을 통하여 알아내는 것이 더 좋다고 한다. 여기서 중요한 것은 항생제나 호르몬을 먹이지 않은 소, 양, 염소에서 나온 우유여야 한다는 것이다. 유기농 제품을 고르도록 하자.

# 불안감을 자극하는 음식 10가지

우리는 매일 무엇을 먹을까 고민한다. 맛있는 식사는 물론 맛있는 간식도 찾는다. 차와 커피도 현대인에게 빠지지 않는다. 우리가 신체와 정신건강을 위해 무엇을 먹을 것인가를 고민하는 것만큼 중요한 것이 무엇을 먹지 않을 것인가다. 좋은 음식을 챙겨 먹더라도 뇌 건강에 나쁜 영향을 미치는 음식을 꾸준히 먹는다면, 좋은 음식을 먹은 효과는 반감될 수밖에 없다. 어쩌면 몸에 좋은 음식을 찾아 먹는 것보다 더 중요한 일이 몸에 나쁜 음식을 피하는 일일 것이다. 미국의 시사주간지 〈U.S. News & World Report〉에서는 불안감을 자극하기 쉬운 음식과 음료 열 가지를 정리하여 발표했는데, 그 내용을 소개한다.

첫째, 케이크, 쿠키, 사탕, 파이 등이다. 영양사인 매기 미할치크는 "높은 당도를 가진 식품은 혈당 폭등을 일으킨 뒤 급격히 떨어지게 만든다"며 "이런 상승과 하락이 불안감을 악화시킬 수 있고 어떤 사람에게는 거의 공황장애처럼 느껴질 수 있다"고 말한다. 달콤한 것을 먹고 싶다면 설탕과 밀로 만든 디저트 대신 블루베리, 복숭아, 자두, 체리, 감 등의 신선한 과일을 먹자. 단맛을 느끼면서도 급작스런 혈당 변화를 일으키지 않기 때문이다.

둘째, 설탕이 많이 든 음료다. 탄산음료는 물론이고 과일 주스도 위험하다. 상당수의 과일 주스에는 설탕이 가득 들어가고, 과일이 본래 가지고 있는 섬유질은 거의 없는 상태다. 주스를 만드는 과정에서 섬유질이 파괴되기 때문이다. 그래서 전문가들은 과일을 믹서나 분쇄기로 갈지 말고 있는 그대로 섭취하라고 권한다. 섬유질을 섭취해야 소화를 늦춰 혈당이 치솟는 것을 막을 수 있다.

셋째, 가공육, 치즈 등의 가공식품이다. 이는 체내 염증 수치와 연관되는데, 미국의 노인의학 및 내과 전문의 대니얼 데빈 박사는 "정제된 탄수화물과 지방이 많이 함유된 식단은 몸 전체에 염증 수치를 높여 불안감을 유발한다"고 말한다. 가공식품에는 섬유질도 적기 때문에 장내 미생물 생태계에 나쁜 영향을 줄 수 있다. 장내 미생물 생태계의 교란은 세로토닌과 같은 신경전달물질의 분비와 관련되어 불안의 원인이 될 수 있다.

넷째, 커피, 차, 에너지 드링크 등 카페인이 많이 함유된 음료다. 카페인은 그 자체가 불안감을 높이는 원인이 될 수 있다. 카페인은 공황장애 환자가 피해야 할 식품 0순위다. 많은 사람이 카페인의 좋은 효능만 맹신하고 불안을 일으킨다는 사실은 간과한다. 알더라도 자신이 마시는 음료에 카페인이 얼마나 들어 있는지 확인하지 않고 섭취한다. 우리나라에서 에너지 드링크의 판매량이 급증하고 있는데, 이들의 카페인 함유량은 상상을 초월한다. 뇌를 불필요하게 자극하는 커피와 에너지 드링크는 제한된 양만 마셔야 하며, 불안도가 높다면 아예 거리를 두어야 한다.

다섯째, 술이다. 불안한 마음을 술로 달래려는 사람이 많다. 그런데 술은 불안을 높인다. 술을 마시면 잠이 부족해지고 혈당이 치솟기 때문이다. 그래서 불안한 사람일수록 술을 멀리해야 한다. 잠을 잘 자기 위해 술을 마신다는 사람도 종종 있는데, 술은 깊은 잠을 방해해 얕은 잠을 자게 하고, 술이 깨는 순간 잠도 깨게 되어 다시 잠들기 어려울 수 있다. 특히 공복에 술을 마시면 더욱 그러하며, 과음시 탈수 증상과 숙취 등으로 인해 불안감은 더욱 커진다. 술은 수면 부족과 비타민B 결핍, 알코올 해독작용의 과정이 모두 불안과 걱정을 키울 수 있으므로 마시지 않아야 한다.

여섯째, 단백질을 첨가하지 않은 스무디다. 스무디는 다양한 과일과 채소의 영양을 섭취하는 좋은 방법이다. 하지만 단백질을 추가하지 않은 과일이나 채소 스무디는 혈당을 급속히 높여 불안감을 유발할 수 있다. 스무디를 마신다면 단백질 분말, 견과류, 씨앗류를 보충해서 섭취하길 권하고 있다.

일곱째, 글루텐이다. 최근 글루텐의 악영향을 말하는 연구가 쏟아진다. 영양 문제를 주로 다루는 정신건강의학과 의사 우마 나이두 박사는 "밀가루에 들어 있는 글루텐은 불안과 연관성이 있으며, 불안증을 가진 사람들은 증상 개선을 위해 글루텐을 줄이거나 안 먹는 선택을 고려해야 한다"고 말한다.

여덟째, 인공 감미료다. 국제학술지《정신의학 최신연구 *Frontiers in Psychiatry*》2021년 2월호에 게재된 연구에 의하면 인공 감미료는 불안 등 신경·정신적 문제와 연관이 되어 있다. 인공 감미료가 첨가된 다이어트 탄산음료 혹은 시판되는 무설탕 음료가 불안감에 영향을 주는 이유라고 보았다.

아홉째, 숨겨진 설탕이다. 어떤 음식은 단맛이 나지 않아도 설탕을 함유하고 있다. 나이두 박사는 "너무 많은 음식에 정제당이 들어 있다"고 지적한다. 샐러드드레싱, 토마토소스(케첩) 등에도 정제당이 많이 들어 있다. 우리가 건강을 챙기기 위해 샐러드를 섭취하는데, 드레싱을 통해 설탕을 다량 섭취해 불안을 일으킬 수 있는 것이다.

열째, 가공된 식물성 기름이다. 트랜스지방이라 불리는 가공된 식물성 기름은 주로 패스트푸드나 식당에서 음식을 튀기고 조리하는 데 사용되는 식용유와 같은 콩기름, 옥수수기름 등을 말한다. 이러한 트랜스지방이 불안 증상을 악화시킬 수 있다. 다만, 아보카도오일과 올리브오일 등은 과일 오일에 속하므로 종류가 다르다. 집에서 직접 요리하는 경우에도 가공된 식물성 기름이 아닌 제품을 사용하길 추천한다.

# 가장 효과적이고 쉽게 접근이 가능한
## 인지행동치료

불안의 문제로 정신건강의학과의 문을 두드렸을 때, 과연 어떤 치료를 받게 될까? 상담을 받는다고 하는데, 상담은 어떤 식으로 진행이 되는 걸까?

정신건강의학과 전문의는 뇌의 기능이나 회로에 문제가 있어 힘겨워하는 사람들을 치료하는 사람이다. 어떤 질환을 가지고 있는지 진단을 내리기 위해 다양한 검사를 진행하고, 검사 결과뿐 아니라 환자와의 면밀한 대화를 통해 환자가 드러내지 않은 숨은 문제는 없는지, 또 다른 질환이 동반되지는 않았는지, 겉으로 드러나는 문제보다 더 중요한 숨은 문제는 없는지를 찾아내려고 한다. 그래서 그 어떤 진료과보다도 더 환자가 의사를 신뢰하고, 자신의 생각을 솔직하게 드러낼수록 문제를 찾는 데 도움이 된다.

정신건강의 문제가 드러나고 병으로 인식되어 병원을 찾기까지는 오랜 시간 생각의 흐름과, 신경전달물질의 오류와, 뇌 기능의 문제 등이 누적된 경우가 많기 때문에, 이를 바로잡고 치료하는 데에도 오랜 기간이 걸린다. 때로는 치료라기보다는 증상을 완화시키고 일상생활을 할 수 있도록 돕는 데까지만 나아가는 질환도 있다. 정신건강 문제를 가진 많은 사람이 실제로 일상생활을 하기가 어려워 병원을 찾는 경우가 많은 만큼, 치료를 통해 남들만큼은 아니더라도 일상생활을 해나갈 수 있다는 것에 큰 위로와 기쁨을 얻고는 한다.

문제를 풀어나가는 과정에서 의사는 환자가 나아가야 할 방향을 알더라도 먼저 답을 제시하기보다, 질문과 대화를 통해 환자 스스로 문제를 알아차리고 어떻게 수정해야 하는지 그 필요성을 깨닫게 하는 경우가 많다. 만약 일상의 기능에 큰 문제가 있는 정도라면 약을 통해 불안의 정도를 낮추는 것을 우선하지만, 치료의 상당 부분은 이처럼 잘못된 생각과 행동 패턴을 바로잡는 정신치료로 이루어진다.

불안장애에 가장 효과적이고 흔히 사용되는 정신치료는 인지행동치료다. 인지행동치료는 사고의 틀을 바로잡아 인지왜곡을 교정하는 인지치료와 반사적으로 이루어지는 문제행동을 교정하는 행동치료를 조합한 정신치료다. 질환에 따라 다양한 기법이 복합적으로 적용된다.

불안장애에서 다음과 같은 경우 인지행동치료가 반드시 필요하다.

첫째, 현실에서 왜곡된 사고 과정, 인지왜곡이 분명하게 보인다.

둘째, 비논리적 사고패턴을 보이는 경우다. 이 경우 반드시 인지재구성이 요구된다.

셋째, 낮은 효능감을 가진 경우다. 이들은 오랜 불안으로 인해 자신이 다양한 환경에서 적절하게 기능하지 못한다고 믿는다.

넷째, 점진적 노출이 필요한 경우다. 스스로 두려운 상황을 직면하기 어려워하므로, 불안 상황에 단계별로 점차 노출해나가야 하는 경우 인지행동치료를 적용한다.

이러한 요인을 가진 불안장애 환자에게 적용되는 인지행동치료를 알아보자. 인지행동치료는 크게 인지치료와 행동치료로 나뉜다. 인지치료에는 정신교육, 인지재구성의 과정이 들어가고 행동치료에는 노출, 호흡재훈련, 근육이완훈련 등의 과정이 들어간다.

## ●정신교육

정신교육psycho-education은 대다수의 불안장애 환자에게 적용되며, 치료 초기에 실시한다. 불안이란 무엇인가? 불안의 특징은 무엇인가? 정상 불안과 병적 불안은 어떻게 다른가? 각종 불안장애의 정의와 증상의 특징은 무엇인가? 이렇게 막연히 알고 있던 불안에 대해 객관적으로 학습하게 하는 것이 우선이다. 이러한 과정은 상호적 논의의 형태로 주로 다뤄진다. 불안장애와 관련한 지식을 치료자가 제공하고, 환자와 이에 대해 토론하는 형식이다.

불안장애가 있을 때 일어나는 인지왜곡과 행동은 어떤 특징을 보이는가를 통해 불안이 환자에게 어떤 기능적 손상과 문제를 일으켰는지도 관찰하게 한다. 무의식적으로 억압되어 있거나 숨어 있는 핵심 문제를 이해하고 해석하게 도와 환자로 하여금 통찰을 얻는 과정도 거친다.

이때는 소크라테스식 질문법을 주로 사용한다. 환자가 표현하는 잘못된 인지(인지왜곡)에 대하여, 왜 그렇게 생각하는지를 계속 질문함으로써 스스로 답을 찾게 돕는 방법이다. 다만, 모든 과정에서 치료자는 공감과 경청, 긍정적 관심을 가지고 접근하게 된다. 내 말이 평가받고 있다거나 치료자가 내 말을 집중해서 듣고 있지 않다고 생각하면, 속마음을 꺼내기가 어렵다. 솔직한 마음을 내놓지 않으면 생각의 오류를 밝혀내기도 어렵다.

정신교육은 인지행동치료를 받는 질환을 설명하고 이해하는 과정도 매우 중요하다. 이 치료가 왜 필요한지 아는 것만으로도 해당 질환의 치료 방향에 힌트를 잡을 수 있기 때문이다. 또한 불안장애별로 효과적인 인지행동치료 기법이 다르다는 것도 설명하는데, 자신의 불안장애 증상에 맞는 과정을 잘 이해해야 해당 과정 전체를 수행할 수 있는 준비를 하게 된다.

### ●인지치료

인지치료Cognitive therapy는 인지재구성Cognitive restructuring이라고도 불린다. 잘못된 인지를 건강하고 합리적인 인지로 바꾸는 과정이다. 여기에는 크게 네 단계로 치료가 진행된다.

1단계는 자신의 부정적 사고 흐름을 인식하기 위해 '사고기록지'를 작성한다. 어떤 상황에서 어떤 감정이 일어나고 어떤 사고가 스쳐 지나갔는지를 적게 한다. 보다 정확하게 기록하기 위해 실제 있었던 일을 시간부터 장소, 상황, 증상을 자세히 기록하게 한다. 사고기록지를 바탕으로 상황을 그대로 상상하면서 그때 스쳐 지나간 생각을 다시 떠올리는 연습을 한다. 아주 짧은 시간에 스쳐 지나간 사고를 찾는 것이 1단계다. 평소 자신의 사고 흐름을 인식하는 것이다.

2단계는 기록한 사고의 흐름에서 무엇이 잘못되었는지 발견한다. 자신의 사고 흐름을 객관적으로 평가하는 과정이다.

3단계는 그릇된 부분을 찾아내어 이를 바로잡는 새로운 대체 사고를 찾아낸다. 사고 흐름을 어떻게 바로잡을 수 있을지에 대한 가설을 세우는 것이다.

4단계는 그 가설이 타당한지 평가한다. 그 가설대로 사고 흐름을 바꾸기 위해 잘못된 사고를 무시하거나 수정하는 방식을 배우도록 안내한다.

그릇된 부정적 사고는 매우 짧게 지나가서 인식하기도 어렵고, 이를 찾더라도 오랜 기간 몸에 배어 있어 어떤 부분이 잘못되었는지 알아차리지 못하는 경우가 대부분이다. 따라서 그릇된 사고를 정면으로 반박하고, 이를 대체하기 위한 합리적이고 객관적이며 문제해결적인 새로운 사고로 바꾸는 것이 맞다는 인식을 갖게 한다.

간혹 합리적이고 객관적 사고가 무엇인지에 대한 정의가 서로 달라, 이 단계를 수행하기 어려울 때도 있다. 사회적, 시대적, 문화적 배경에 따라 사람마다 그 기준이 다를 수 있기 때문이다. 그러나 이럴 때도 무엇이 문제 해결에 더 적합한 사고인가를 생각해 보면 비교적 쉽게 그릇된 사고(인지왜곡)를 찾아 합리적 사고로 바꾸는 것이 가능하다.

그릇된 사고를 찾는 과정에서도 소크라테스식 질문법이 매우 중요하다. 왜 그런 상황에서 그런 생각을 하게 되었는지, 다른 생각을 할 수는 없는 것인지, 무엇이 합리적인 생각인지, 보다 합리적인 다른 대안은 과연 없는 것인지 등을 조목조목 물어봄으로써 스스로 무엇이 그릇된 사고인지 다른 대안은 무엇인지 찾을 수 있게 돕는다.

### ●노출치료

기존의 나의 사고에서 불합리했던 부분을 발견하고 합리적 사고의 방향을 찾게 되면, 이제는 그러한 사고를 현실에 반영할 수 있도록 적응하는 과정을 훈련하게 된다. 불안장애 치료의 대표적인 행동치료 기법은 '노출'이다. 문자 그대로 불안한 상황이나 대상에 노출시키는 것, 직면하게 하는 것이다. 자신의 생각이 합리적이지 않다는 것을 이해했더라도, 그 불안한 상황을 마주하기는 쉽지 않다. 그래서 한 번에 그러한 상황에 적응하도록 안내하는 것보다, 점차적으로 노출함으로써 해당 상황과 대상을 직면하는 것에 대한 두려움을 줄여 가는 방법을 사용한다.

첫째, 상상 노출이다. 이는 불안하고 두려워하는 상황을 머릿속으로 상상하면서 문제 상황에 노출시킨다. 예를 들어 고속도로를 운전하는 것을 두려워하는 사람이 있다고 해보자. 이 사람에게 그 불안이 합리적이지 않음을 인지치료를 통해 깨닫게 했다고 해도, 결국은 문제에 직면해야 나을 수 있다. 하지만 바로 현장에 가서 운전을 시키는 것은 매우 위험하다. 그래서 눈을 감고 실제 운전하는 상상부터 훈련시킨다. 주차장에 가서, 차를 타고, 시동을 걸고, 주차장을 빠져나와 주행하다가, 고속도로 톨게이트를 통과하여, 고속도로를 주행하면서 목적지까지 가는 과정을 상세하게 머릿속에서 상상하게 한다.

고속도로 운전이 어려운 이 사람은 이러한 상상을 하는 것만으로도 매우 고통스러워 많은 경우 중간에 포기하려고 한다. 혼자라면 어렵겠지만 치료자가 격려하고 긴장된 몸과 마음을 풀도록 복식호흡을 시키고 긴장을 해소하는 법들을 적용해 가면서, 상상 속에서 목적지까지 주행하는 훈련을 이어간다.

이 경우 너무 힘들면, 그 거리를 짧게 끊어서 시도하는 것도 좋은 방법이다. 운전의 경우 장거리가 아닌 집 근처 큰 도로에 진입하는 것까지만 운전하는 장면을 떠올리게 하는 것이다. 운전 외에 다양한 상황이 적용될 수 있다. 예를 들어 엘리베이터를 타는 것을 두려워한다면 엘리베이터를 타고 한 층만 올라가기, 성공하면 두 층 올라가기, 이후 10층까지 올라가기 등 점차 그 정도를 올리는 것이다. 광장공포, 특정공포증이 있는 사람들에게 흔히 적용된다.

둘째, 가상 노출이다. 불안하고 두려운 상황들을 치료 현장에서 실제와 유사하게 꾸며 놓고 경험하게 해 본다. 예를 들어 이성과 대화하기 어려운 경우, 이성과 대화하는 장면을 구성하여 연습하게 한다. 처음에는 매우 어색하고 불편하지만, 연습이라고 생각해서 실제보다는 덜 불안해하고, 이러한 가상 노출에 점점 적응되면 실제 상황에서도 이전보다 더 편하게 적응할 수 있게 된다. 면접이나 발표하는 상황도 이런 가상 노출을 통해 비교적 쉽게 연출하고 적용할 수 있어 자주 사용된다. 사회불안장애가 있는 경우 가상 노출 훈련이 큰 도움이 된다.

셋째, 내부감각 수용기 노출이다. 불안할 때 나타나는 신체 증상들을 일부러 경험하게 하여 적응시키는 방법이다. 예를 들어 머리를 30초간 빠르게 흔들거나, 30초간 숨을 참거나, 회전의자에 앉게 하고 1분간 의자를 빠르게 돌리거나, 앉은 자세에서 머리를 숙이고 30초간 있은 뒤 다시 머리를 들게 하는 등 다양한 방법으로 어지럼증이나 가슴 두근거림 등 불안할 때 나타나는 신체 증상을 유발하여 경험하게 하는 것이다. 놀이공원에 처음 가서 놀이기구를 타면 어지럽고 속이 울렁거리는 다양한 신체 증상이 나타나지만, 자주 가서 놀이기구를 타면서 적응하면 신체 증상이 줄고 재미만 느끼게 되는 것과 유사하다.

물론 내부감각 수용기 노출은 재미를 느끼기 위한 것은 아니지만, 불안한 신체 증상에 적응시켜 유사한 상황에서 신체 증상이 나타나도 심각하게 여기지 않고 다스릴 수 있게 된다. 그러면 점차 신체 증상이 줄어들기도 한다. 불안한 상황에서 해당 신체 증상을 느꼈을 때 아주 심각한 신체 질병이라고 생각하거나 미쳐버리는 것 아닌가 하는 극단적인 생각에서 벗어나게 하는 효과도 있다. 그래서 공황장애, 공황발작이 있는 경우 효과적이다.

넷째, 가상현실 노출이다. 가상현실을 구현해 주는 프로그램이 적용된 고글을 쓰게 한 뒤, 불안하고 두려워하는 상황이 고글 안 화면에서 실행되게 하여, 이를 보면서 극복하게 하는 것이다. 예를 들어 높은 건물에 엘리베이터를 타고 올라가는 상황, 높은 산에 올라가는 상황, 발표하는 상황 등 다양한 상황이 실제처럼 연출된 화면이 눈앞에서 펼쳐지게 하여 그러한 상황을 직면하게 하는 것이다. 과학 기술의 발달로 실제와 매우 유사한 느낌을 줄 수 있는 다양한 가상현실이 개발되어 치료에 적용되고 있다. 특정공포증, 광장공포증, 사회불안장애가 있는 경우 특히 효과적이다.

다섯째, 실제 노출이다. 불안하고 두려운 상황에 직접, 혼자 직면하는 것이다. 물론 쉽지 않다. 그러나 앞서 상상노출이나 가상노출, 가상현실 노출로 훈련한 이후에 적용하면 보다 쉽게 할 수 있다. 다른 노출 훈련을 잘 수행했더라도 실제 노출이 되지 않으면 증상이 호전되기 어렵다. 특히 모든 공포증은 실제 노출에 성공해야 호전되었다고 할 수 있다. 따라서 실제 노출은 공포증 환자들에서 반드시 통과해야 하는 마지막 관문이다.

행동치료 기법으로서 노출 치료는 앞서 설명한 인지치료의 효과를 더욱 확실히 공고하게 하는 효과가 있다. 노출을 통하여 직접 부딪혀 보니 인지치료를 통하여 바꾸어 본 새로운 인지가 실제 맞다는 것, 즉 새롭게 대체한 생각이 보다 합리적이고 객관적이라는 사실을 몸소 확인할 수 있기 때문이다. 따라서 인지치료와 행동치료는 항상 같이 진행되어야 더욱 효과적이다.

### ●호흡재훈련

불안한 마음에 사고가 경직되면 몸도 굳어진다. 반대로 몸이 긴장하고 있으면 생각도 긴장될 수 있다. 그래서 행동치료 기법에서는 호흡과 근육을 통해 우리 몸을 이완시키는 방법을 알려주고 이 방법을 스스로 일상에서도 적용하도록 훈련시킨다.

호흡재훈련법은, 올바르게 호흡하는 방법을 알려주는 것이다. 숨 쉬는 방법을 배운다는 것이 이상할 수도 있지만, 자신이 호흡하는 방법이 어떤지 인지하고 나면 어떻게 바로잡아야 하는지 깨달을 수 있다. 먼저, 자신의 호흡을 자각하는 방법은 다음과 같다.

첫째, 눈을 감고 오른손을 배 위에 놓고 왼손은 가슴의 중앙에 놓는다.

둘째, 평소처럼 호흡하면서 자신의 손이 호흡에 따라 어떻게 움직이는지 관찰한다. 숨을 들이쉴 때 가슴이나 배 위의 손이 얼마나 오르내리는지 느껴본다. 만일 평소 복식호흡을 한다면 숨을 들이쉴 때 배가 움직이는 것을 느끼게 될 것이고, 흉부호흡을 하고 있다면 배는 움직이지 않거나 움직이더라도 가슴보다 덜 움직일 것이다.

이렇게 자신의 호흡을 확인한 다음에는 새로운 복식호흡을 훈련해 본다. 복식호흡의 단계는 다음과 같다.

첫째, 한 손을 갈비뼈 바로 아래의 배 부분에 놓는다.

둘째, 코를 통하여 배 깊숙이 공기를 넣는다는 느낌으로 천천히 깊은 숨을 들이쉬며 호흡을 시작한다. 이 경우 복식호흡이 되기 시작하면 배에 있는 손이 움직이기 시작하고 반대로 가슴의 움직임은 최소화된다.

셋째, 숨을 충분히 들이쉰 후에는 잠시 멈추었다가 천천히 코나 입을 통하여 숨을 내쉬기 시작하고 숨을 완전히 다 내보내는 느낌으로 내쉰다. 이때 온몸의 힘이 빠진 상태가 된다. 헝겊 인형의 팔다리처럼 힘없이 몸에 붙어 있는 기분이 들 만큼 힘을 빼는 것이다.

넷째, 다시 서서히 전과 같이 호흡을 반복해서 하는데, 이때 호흡이 부드럽고 일정하게 이루어지도록 숨을 들이쉬거나 내쉬는 동안 하나, 둘, 셋, 넷 하며 숫자를 셀 수도 있다. 물론 호흡 훈련이 잘되면 숫자가 더 늘어날 수도 있다.

호흡재훈련은 대개 5분 이상 해야 효과가 있으며, 처음에는 이러한 호흡을 어려워하는 경우도 많아서 처음에는 짧게 하고 이후

서서히 시간을 늘려 가도 된다.

### ● 근육이완훈련

근육이완훈련 중 대표적인 것이 에드먼드 제이콥슨의 점진적 근육이완훈련법이다. 이 훈련은 다섯 단계로 진행된다.

1단계, 근육군 하나씩 하나씩 힘을 주어 긴장시킨다.

2단계, 5초간 그 긴장을 유지한다.

3단계, 천천히 힘을 빼면서 조용히 "힘이 빠져 편안하다"라고 말한다(마음속으로 할 수도 있고 실제 나지막이 목소리를 낼 수도 있다).

4단계, 깊이 숨을 들이쉰다.

5단계, 3단계와 유사하게 천천히 숨을 내쉬면서 조용하게 '힘이 빠져 편안하다'라고 말한다(마음속으로 할 수도 있고 실제 나지막이 목소리를 낼 수도 있다).

근육이완훈련의 동작들을 신체 부위에 따라 적용해 보면 다음과 같다.

첫째, 머리근육을 긴장시키기 위해, 이마를 찡그린다. 눈을 가늘게 뜬다. 입을 크게 벌린다. 턱에 힘을 주고 입을 악문다.

둘째, 목 근육을 위해, 머리를 최대한 뒤로 제친다. 머리를 최대한 가슴 쪽으로 숙인다. 머리를 오른쪽 어깨에 닿도록 눕힌다. 머리를 왼쪽 어깨에 닿도록 눕힌다.

셋째, 어깨 근육을 위해, 양어깨가 귀에 닿도록 올린다. 오른쪽 어깨가 귀에 닿도록 올린다. 왼쪽 어깨가 귀에 닿도록 올린다.

넷째, 팔과 손은 두 팔을 쭉 펴고 주먹을 쥔다. 오른손으로 벽이나 바닥을 짚는다. 왼손으로 벽이나 바닥을 짚는다.

다섯째, 가슴과 폐 근육을 위해, 가슴 근육에 힘을 준다.

여섯째, 등 근육을 위해, 가슴을 앞으로 내밀어 등이 활 모양이 되도록 한다.

일곱째, 배 근육을 위해, 배 주위의 근육에 힘을 주거나, 배를 불룩하게 만들거나, 배를 안쪽으로 당긴다.

여덟째, 엉덩이, 다리, 발의 근육을 위해, 엉덩이에 힘을 준다. 발꿈치로 바닥을 누른다. 무릎 아래 근육에 힘을 준다. 발끝을 밑으로 힘껏 내리거나 발끝을 몸쪽으로 힘껏 당긴다.

이렇게 각 부위별로 힘껏 힘을 주었다가, 힘을 순간적으로 빼면서 이완되는 근육을 느껴본다. 힘을 빼는 것이 어떤 것인지 알게 된다. 호흡재훈련과 근육이완훈련을 하루에 두 번 아침, 저녁으로 약 20분간 시간을 정해 놓고 반복하면 효과적이다. 시간이 부족하면 하루 5분에서 10분이라도 꾸준히 하면 효과적이다.

# 인지행동치료의 효과를 높이는
# 인지편향 수정치료

불안장애 치료에 가장 널리 사용되는 인지행동치료의 효과를 더 높이기 위한 인지편향 수정치료가 등장하여 최근 활발히 연구 중이다. 불안장애가 있는 경우 인지 측면에서 편향된 사고, 왜곡된 사고가 이루어지는 부분이 많은데 이를 수정하면 불안을 감소시키는 좋은 방법이라는 전제하에 인지편향 수정치료가 시작되었다.

불안장애나 우울장애 환자들이 가지고 있는 주요 인지적 편향은 크게 두 가지다.

첫째, 주의의 편향이다. 평소 주의를 기울이는 것이 대체로 부정적인 면에 초점이 맞추어져 있다. 불안한 사람들은 불안과 관련되는 것, 불안을 유발하기 쉬운 상황이나 사건에 관심이 많다. 신문을 읽어도 불안을 촉발하는 뉴스에 더 눈이 간다.

둘째, 기억의 편향이다. 불안한 사람은 불안과 관련되는 상황이나 사건을 더 잘 기억한다. 다양한 상황을 전해들어도 부정적인 뉴스가 더 오래 머릿속에 남아 괴로운 것이다.

주의 편향의 경우, 이를 바로잡으면 불안과 우울을 제거할 수 있을 것이라는 일레인 폭스 박사의 연구로부터 시작되었다. 편향된 사고로 신경계의 부정적 반응이 일어나고 있다면, 편향된 사고를 수정함으로써 우리의 관심과 해석하는 방식을 바꾸어 뇌의 회로에 변화를 일으키면 불안도 줄어들 것이라는 인지심리학의 새로운 치료기법 중 하나다.

케임브리지대학교의 매튜스와 매킨토시 박사팀은 비교적 간단한 인지편향 수정을 훈련함으로써 불안을 감소시킬 수 있다고 보았다. 이들 연구팀은 불안한 사람들, 특히 사회불안을 가진 사람들의 불안이 모호한 사회적 상황을 부정적으로 해석하는 경향과 관련됨을 발견하고 이를 수정하려 노력하였다. 에크만 표정 연구를 통해 널리 알려진 대로, 사회불안이 높은 사람들은 불안하고 공포스런 표정에 더 많은 관심을 보이는 특징을 가진다. 케임브리지 연구팀은 사람들에게 모호하게 해석하는 방식을 바꾸게 했더니 스트레스에 반응하는 방식도 바꾼다는 것을 발견하였다.

해당 실험은 다음과 같았다. 상황을 긍정적으로 해석하도록 훈런받은 사람과 부정적 편향을 가진 두 그룹의 실험 참가자들에게 각각 무서운 치안 관련 동영상을 보여주었는데, 긍정적으로 해석하도록 훈련받은 사람이 나쁜 영향을 훨씬 덜 받았다.

그런데 이 긍정적인 그룹이 받은 훈련은 아주 간단했다. 컴퓨터 화면에서 긍정적인 느낌을 주는 표정이나 단어를 고르게 하는 것이었다. 긍정적인 것에 주의를 집중시키는 훈련이었다. 비교적 간단한 이 프로그램으로 혼자서도 편향을 수정하는 훈련을 할 수 있고 이를 통해 사고의 흐름을 바로잡을 수 있음을 알게 되었다.

슈미트 박사 팀은 사회불안장애 환자를 대상으로 이 치료의 효과를 연구했는데, 중증 이상의 사회불안장애 환자들에게 일주일에 두 번씩 8주간 훈련을 시행한 결과, 8주 후 72%는 더 이상 사회불안장애 증상을 보이지 않았다. 단순한 훈련으로도 72%의 환자가 호전된 것이다.

물론 이후에도 유사한 연구들이 이루어졌는데, 연구마다 치료 결과는 상이했다. 같은 훈련이라도 치료자가 옆에서 같이 훈련을 시행한 경우 치료 효과가 더 좋기도 했다.

인지편향 수정은 훈련이 비교적 단순하고 비용이 크게 들지 않으며 인터넷, 컴퓨터나 휴대폰만 있으면 누구나 쉽게 접근할 수 있어 매우 유망한 치료 기법이다. 필자도 인지편향수정연구회를 조직하여 수년째 이를 상용화하기 위한 연구를 진행 중이다.

# 새로운 경험을 통해 교정되는
# 인지행동 집단치료의 효과

안장애 치료에 인지행동치료가 약물치료 외에 가장 효과
적인 것은 익히 알려진 사실이다. 불안장애별 다양한 치
료기법이 개발되고 적용되면서 치료에 큰 도움이 되고 있다. 불안
장애가 자연 치유되는 경우는 23%에 불과하다는 주장도 있어서,
불안장애가 있다면 인지행동치료나 약물치료를 받는 것이 매우
중요하다.

인지행동치료로 불안장애가 호전되는 비율은 질병별로 차이가
있지만 약 45%에서 55%로 알려져 있다. 그중에서도 공황장애와
광장공포증 53%, 범불안장애 47%, 사회불안장애 환자의 43%가
완화된다는 보고가 있고, 초기에 치료받으면 전체 불안장애 환자
의 60%가 호전된다는 보고도 있다. 그러나 이런 통계는 연구마다

매우 다르므로, 개개인에게 맞는 치료가 얼마나 잘 진행되는가가 더 중요하다. 일단 인지행동치료가 이미 증명된 치료 방법이고 오랜 기간 사용되었으니, 자신도 이를 잘 받으면 호전될 수 있다고 믿고 각각의 치료기법을 정확히 이해하고 실천하는 것이 치료 효과를 높이는 지름길이다.

인지행동치료의 장점으로 집단치료가 가능하다는 것을 꼽기도 한다. 많은 인지행동치료가 집단치료의 형식으로 진행되는데, '집단'이라는 또 하나의 치유 인자가 더해져 치료 효과를 더 높일 수 있다. 특히 사회불안장애의 경우 질병의 특성상 집단 안에서 인지행동치료가 이루어지면 훨씬 더 큰 효과를 얻을 수 있어서 국내외에서 집단인지행동치료는 자주 적용되는 치료 방식이다.

인지행동치료를 진행하게 되면 개인치료로 진행할지, 집단치료로 진행할지 선택하게 된다. 집단치료는 보통 6~8명 정도가 모여서 진행하며, 4명에서 10명까지 상황에 따라 달라질 수 있다. 단, 10명이 넘어가면 치료 효과가 줄어든다고 본다.

집단치료를 적용하기 어려운 경우는 매우 드물지만, 때에 따라 집단이 모이는 상황 자체가 힘겨운 사람, 집단이라는 상황을 견딜 힘이 없어 거부하는 경우도 있다. 그러나 이 또한 치료의 대상이기 때문에 집단치료가 더 필요한 경우다. 집단에 대한 불안, 사회불안으로 힘겨운 것이라면 치료 대상이다. 코로나19와 같은 전염병의 유행은 집단치료를 어렵게 하는 중요한 장애 요인이다. 그 외에는 집단이라는 치유 인자가 추가될 수 있기 때문에 많은 경우 집단치료를 선호한다.

집단치료의 효과는 매우 다양한데, 첫 번째는 교정적 경험을 한다는 것이다. 이는 새로운 경험을 통하여 자신의 생각과 행동을 바꿀 수 있는 기회가 된다. 집단에는 다양한 사람이 존재한다. 치료자는 물론 보조 치료자, 다른 환자들이 존재하며 이들과의 다양한 상호작용을 통하여 과거 자신이 참여하던 집단과는 다른 경험을 하게 된다. 이러한 새로운 경험이 과거 증상과 관련된 부정적 경험을 대체할 수 있는 계기도 된다.

두 번째는 보편성을 확인하는 효과가 있다. 불안장애가 있는 사람의 상당수는 자신에게만 이런 불행하고 무서운 병이 있다고 믿는다. 혹은 불안장애가 있는 사람은 이상하고 심각한 사람이라고 잘못 생각하기도 해서 받아들이기 어려워한다. 그러나 막상 집단치료에 참가하게 되면 우리가 일상에서 마주하는 평범한 사람들이 불안이라는 공통의 문제로 모여 있다는 것을 보고, 자신의 불안을 객관적으로 들여다볼 기회로 삼는다. 또한 자신의 비합리적 생각을 확인하고, 다른 사람은 어떠한 인지왜곡을 가지고 있는지 관찰하면서 수정할 방향을 찾기도 한다.

세 번째는 모방 학습 효과다. 따라하면서 좋아진다. 집단 내에서 다양한 과제를 수행하고 발표하는 모습을 보면서 서로 영향을 주고받는다. 그래서 혼자서는 잘하기 힘들었지만 다른 사람이 발표하는 모습이나 태도를 보면서 자신도 용기를 얻게 된다. 다른 환자들의 증상이 호전되는 모습을 보고 자신도 그러한 모습을 모방함으로써 호전될 가능성을 높이는 것이다. 모방의 대상은 치료자와 보조치료자는 물론 좋아지고 있는 다른 환자들이 모두 포함된다.

네 번째는 이타주의 효과다. 집단 내에서 다른 사람들을 도우면서 자신이 발전하는 계기로 삼는다. 불안장애가 있는 많은 환자들은 자신을 쓸모없는 사람이라고 생각하기 쉽다. 그러나 집단에 참여함으로써 자신의 존재를 부정하지 않고, 또한 자신이 다른 환자들을 돕고 있고 도울 수 있다는 자기효능감을 느끼게 된다. 이런 자신의 이타주의를 확인하면서 부정적 인지와 위축된 행동들을 교정할 수 있는 계기가 되기도 한다. 즉, 집단치료에 참여함으로써 자신에 대한 긍정적이고 합리적인 인지를 탐색할 수 있는 기회가 되는 것이다. 이로써 이전보다 자신감을 가지고 적극적이고 긍정적인 행동의 변화를 실행에 옮기는 기회를 갖게 되는 것이다.

다섯 번째는 대리효과다. 다른 사람이 호전되는 것을 보는 것만으로도 자신에게 치료 효과를 느낄 수 있게 된다. 때로 자신보다 더 심하다고 느껴지던 환자가 성공적으로 과제를 수행하고 문제가 좋아지는 것을 관찰하는 것은 그 자체로 좋은 자극제가 될 수 있다. 또한 다른 구성원들의 인지왜곡 및 부정적 행동이 변화되는 모습을 관찰함으로써 자신도 변화할 수 있다는 긍정적 자각이 일어날 수 있다.

그 외에도 공약 효과, 즉 자신이 많은 사람 앞에서 약속한 효과도 치료에 도움이 된다. 과제를 수행하면서 다른 사람들 앞에서 자신이 변화를 약속했기 때문에, 개인치료라면 안 했을지도 모르는 과제 수행을 더 열심히 하게 되는 효과가 나타나는 것이다.

집단치료에서 만난 다른 환자들과 서로 의지하면서 치료자로부터 독립심을 키우게 되는 것도 불안장애를 극복하는 데 많은 도움이 될 수 있다. 그 외에 다양한 치료적 모의 상황을 만들 수 있어서 상황 노출, 신체감각 노출, 상상 노출 등을 보다 효과적으로 할 수 있어 서로 도움이 된다.

# 불안장애를 치료하는 약물과
# 기타 생물학적 치료법들

불안장애를 치료하는 데에는 다양한 약물이 사용된다. 그중 가장 흔히 사용되는 약물은 '선택적 세로토닌 재흡수 억제제'다. 항우울제로 개발된 약물이지만, 다양한 불안 증상 및 불안장애의 치료에도 효과적임이 밝혀져 불안장애에도 널리 쓰이는 약물이 되었다. 선택적 세로토닌 재흡수 억제제는 신경세포의 연접부에서 세로토닌이 재흡수되는 것을 막아, 세로토닌이 한쪽으로만 흐르지 않고 원활하게 다음 신경으로 전달되도록 한다. 세로토닌은 불안과 우울에서 가장 중요한 신경전달물질이다.

선택적 세로토닌 재흡수 억제제의 종류도 다양한데, 약물에 따라 수용체 특성이 조금씩 달라 불안 증상에 더 효과적인 약물도 있고 그렇지 않은 경우도 있다. 미국식품의약국Food and Drug

Administration, FDA에서 각종 불안장애 치료에 적응해도 좋다는 약물도 있고 그렇지 않은 약물도 있다. 팍실이나 졸로푸트, 렉사프로 등은 다양한 불안장애의 치료에 인정을 받은 약품이다.

같은 선택적 세로토닌 재흡수 억제제여도 플루옥세틴 성분의 약인 푸로작이나 플루복사민 성분의 약은 불안장애의 일부 증상이 있을 경우에만 약효가 있다고 인정받는다. 그런데 증상에 따라 특정 약물이 특정 환자에게 더 잘 맞을 수도 있고 아닐 수도 있어서, 해당 약이 해당 질환에 적응증을 가지고 있다고 해서 나에게 꼭 맞는 것은 아닐 수 있다.

약물을 선택할 때는 다양한 상황을 고려한다. 과거 치료받은 경험이 있다면 이전에 치료 효과가 좋았던 약물을 선택하기도 하고, 가족에게서 효과가 좋았던 약물을 선택하기도 한다. 증상에 따라 선택하기도 하고, 다른 약물을 복용 중이라면 약물의 상호작용을 고려하여 처방하기도 한다. 약물의 부작용도 고려한다.

합병증의 유무도 매우 중요한 고려사항이다. 우울장애가 동반된 불안장애의 경우 두 가지 모두에 효과적인 약물이 선택되고, 불안장애 두 종류가 동반된 경우 양쪽에 모두 효과적인 약물을 선택해야 한다. 이처럼 약물을 처방할 때는 다양한 사항이 고려된다.

세로토닌 노르에피네프린 재흡수 억제제도 불안장애에 사용된다. 대표적인 약물이 벤라팍신, 둘록세틴이다. 이 또한 항우울제로 개발되었지만, 여러 연구를 통해 범불안장애, 공황장애, 강박장애, 사회불안장애 등 다양한 불안장애에 효과적이라는 것이 알려졌다. 특히 수면장애가 동반되고 안절부절못함, 과민성, 과도한 긴장 등의 증상을 조절하는 데 효과적인 것으로 알려져 있다.

삼환계 항우울제도 불안장애의 치료에 사용된다. 선택적 세로토닌 재흡수 억제제가 개발되기 전에는 삼환계 항우울제가 불안장애 치료에 많이 사용되었는데, 최근에는 그 사용빈도가 감소하는 추세다. 클로미프라민은 아직도 강박장애에서 많이 사용된다.

과거 '신경안정제'라고 불린 벤조디아제핀계 약물은 대표적인 항불안제다. 이들은 불안장애 치료의 급성기에 주로 사용된다. 가바GABA 수용체에 작용하여 빠르게 불안을 가라앉혀 주는 작용을 하기 때문이다. 디아제팜, 로라제팜, 알프라졸람 등이 대표적인 약물들이다. 이들은 작용시간이 매우 빠르기 때문에 복용 후 즉각적인 효과를 기대할 수 있어 많이 사용된다. 그러나 반대로 효과가 빠르기 때문에 남용의 우려도 있어 주의가 필요하다.

벤조디아제핀계 약물은 공황장애의 경우 공황발작시 주로 사용되고, 범불안장애에서도 초기에 불안을 잠재우기 위하여 적용된다. 사회불안장애의 경우에도 베타수용체 차단제와 함께 어려운 상황에 직면하기 전 필요시에만 주로 사용된다. 이는 항상 남용 및 습관성의 문제를 고려하여야 한다. 급하게 진정시켜 주기 때문에 심리적으로 의존하기 쉽다. 물론 벤조디아제핀계 약물은 앞서 언급한 선택적 세로토닌 재흡수 억제제가 효과를 나타내기 전까지 유용하게 사용될 수 있다.

따라서 초기에는 같이 사용되다가 선택적 세로토닌 재흡수 억제제의 효과가 나타나면 벤조디아제핀계 약물은 가능한 한 빨리 중단해 나간다. 특히 치료 초기에는 선택적 세로토닌 재흡수 억제제의 부작용을 조절해 주는 효과를 보이기도 하여, 이러한 효과를 기대하고 흔히 같이 사용된다.

아자피론계 약물도 대표적인 항불안제다. 대표적인 약물은 부스피론, 탄도스피론이다. 이들은 벤조디아제핀계 약물처럼 별다른 부작용 없이 항불안 효과가 빠르게 나타나는 편이지만, 벤조디아제핀계 약물과 달리 의존성이 없다는 장점이 있다. 그러나 벤조디아제핀계 약물보다 효과가 다소 느리고, 진정 작용이 다소 약하며, 수면에는 별 도움이 안 되는 등의 단점이 있다.

베타수용체 차단제는 원래 고혈압 치료제로 개발된 약물이다. 그러나 일시적으로 혈압을 낮추는 동시에 진정 작용을 보여서 불안장애 치료에도 사용된다. 그러나 정기적으로 복용하는 것이 아니라 필요시, 즉 불안이 예견되는 상황이나 공황발작과 같은 급성 불안기에 일시적으로 사용된다. 사회불안장애의 증상인 수행불안에서 가장 널리 사용된다.

프레가발린이란 약물은 원래 뇌전증 치료제다. 가바GABA 수용체에 작용하는 약물로 항불안 효과가 우수하여 유럽의약청EMA으로부터 범불안장애의 치료 효과에 인정을 받았다.

D-시클로세린이란 약물도 불안장애 치료에 사용된다. 이 약물은 단독으로 치료에 적용하는 것이 아니라 정신치료와의 복합치료(약물 및 정신치료)시 더욱 도움이 된다고 한다. 이 약물은 편도체의 NMDA수용체에 작용하여 공포를 줄여 주는 효과가 있는 것으로 알려져 있다. 즉, NMDA수용체를 느긋하게 만들어 정신치료의 효과를 높일 수 있다고 보는 것이다.

항히스타민계 약물도 불안에 사용된다. 진정작용과 수면작용이 있기 때문이다. 그러나 이들 약물은 더 이상 불안장애에는 널리 사용되지 않는데, 부작용이 적지 않고 장기 복용시 효과가 감소하며, 무엇보다 이를 대체할 수 있는 최신 약물이 많이 개발되었기 때문이다.

그 외에 항정신병 약물인 쿠에티아핀이나 아리피프라졸 등은 비록 미국식품의약국FDA의 약물치료 적응증을 받지는 못하였지만 불안 증상에 효과적이라는 연구가 있고 실제 임상에서 적지 않게 사용된다. 새로운 항불안제로 주목받고 있어, 기존의 약물의 치료 효과가 미흡한 경우 이들 약물이 추천되는 추세다.

살펴본 바와 같이 불안장애 치료제는 주로 다양한 신경전달물질에 영향을 미치는 것들이다. 신경전달물질이 잘 전달되도록 돕거나, 혹은 과도하게 전달되는 것을 차단하는 역할을 통해 불안을 조절해 나간다. 약물치료는 대부분 인지행동치료와 병행되는데, 약물치료는 치료 효과가 빨리 나타나고, 인지행동치료는 그 효과가 다소 늦게 나타나지만 오래 지속된다는 장점이 있다.

인지행동치료와 약물치료에 대한 반응이 부족할 경우 생물학적 치료법이 적용되기도 한다. 대표적인 것이 경두개 자기 자극술인데, 두피에 코일을 대고 강한 자기장을 전달하여 뇌의 일부분에 자극을 주는 치료법이다. 자기장의 영향을 받은 뇌는 신경회로가 활성화되어 신경연접 효율이 변화되고 신경활성인자의 변화, 대뇌피질 활성도 변화, 기능적 연결의 변화가 나타난다. 마취나 통증이 거의 없고 부작용도 적어 비교적 안전한 치료법으로 알려져 있다. 처음에는 우울증 치료 목적으로 적용되었으나, 강박장애 치료와 관련한 많은 연구가 보고되면서 약물치료에 반응하지 않는 강박장애 환자에 널리 사용한다. 일부 사회불안장애에 영향을 미친다는 연구도 있으나, 효과는 제한적인 것으로 알려져 있다.

그 외에 경두개 직류자극술, 두개 전기자극술, 미주신경자극술 등이 치료 효과가 더딘 불안장애에 적용되는지 연구 중이다.

# 불안 극복을 위한 10가지 제안

자는 정신건강의학과 전문의로서, 당신이 내면의 불안으로 힘겨울 때 정신건강의학과의 문턱이 높게 느껴져 도움을 받지 못하는 일이 없기를 바란다. 진료실 문을 언제든 편하게 두드리고 적기에 치료받아 하루라도 더 빨리 건강한 마음으로 살아가길 바란다. 하지만 또한 필자는 당신을 만나는 일이 없기를 바란다. 일상에서 잘못된 생각의 흐름으로 당신 자신을 아프게 하거나, 건강하지 않은 생활 패턴으로 당신 자신을 아프게 하여 우리가 진료실에서 마주하는 일이 없기를 바란다.

이를 위해 필자는 내면의 불안을 덜어내고, 극복하기 위한 열 가지 방법을 제안한다.

첫째, 초점을 현재에 둔다.

불안한 사람은 대부분 미래에 초점을 두고 산다. 불안한 사람은 미래가 무섭기만 하다. 왜 그럴까? 미래는 모르기 때문이다. 마치 죽음이 두려운 것과 같다. 우리는 누구나 죽음을 맞을 것인데, 죽음 이후의 세계가 어떠한지 몰라서 불안해하듯, 미래에 무슨 일이 벌어질지 몰라서 불안해한다. 점쟁이도 잘 모르는(그저 아는 척하는) 미래를 평범한 우리야 더 알기 어렵다. 그러니 무섭고 두려운 것이다. 그런 불안을 잠재우는 방법은 불안한 미래에 집중하기보다 지금 오늘에 집중하는 것이다. 오늘, 일주일, 적어도 한 달 이내의 일에 집중하자.

둘째, 현재의 삶을 사는 데 집중한다.

산다는 것은 어찌 보면 매우 단순하고 비슷한 나날의 반복이다. 그런데 분명한 것은, 이렇게 단순한 오늘 하루하루가 쌓여 미래의 어떤 결과를 만들어낸다. 그래서 미래가 막연할 때는 그저 오늘 하루를 잘 사는 것이 답이다. 중요한 것은, 삶에 정답이 없는 만큼 현재로서는 어떤 삶이 잘 살고 못 살았는지 모른다는 것이다. 과거의 일을 돌이켜 봤을 때 어떤 일이 아쉬울 수 있어도, 현재를 사는 우리가 지금 할 수 있는 건 주어진 오늘 하루에 최선을 다하는 일이다. 최선을 다한 오늘의 삶이 미래에 좋은 결과를 가져온다는 신념하에 살아갈 뿐이다. 설사 미래가 내가 원한 결과가 아니더라도, 최선을 다했기에 그 결과를 수용할 수 있다.

셋째, 일단 믿는다.

"한 번쯤 속는 셈 치고 믿어 보라"라는 속담이 있다. 믿어도 좋을지 아닐지 확신이 서지 않으면 속아도 좋다는 자세로 한 번쯤 믿어 보라는 것이다. 인간관계든 일이든 살면서 헷갈리는 일은 참 많다. 속고 있는 것은 아닌지, 잘못된 결정을 하는 건 아닌지 불안하다. 이럴 때 믿어 보는 것은 긍정적인 자세다. 믿어 보고 혹여 손해를 본다면 다음에는 같은 실수를 하지 않으면 된다는 교훈을 얻는다고 생각하자. 완전히 망하거나 죽고 사는 일이 아니라면 한 번쯤 믿어 보라. 이도 저도 믿기 어렵다면 종교라도 가지라. 불신은 불안의 다른 이름이다. 불안한 사람은 불안해서 못 믿고, 못 믿으니까 불안한 상태가 악순환된다.

넷째, 보통 사람으로 사는 데 가치를 둔다.

불안한 사람들은 너무 완벽주의적이고 양심적이다. 일이나 공부는 물론 일거수일투족에서 완벽을 지향한다. 그러나 우리는 신이 아니다. 인간은 완벽하지 않다. 누구나 실수투성이지만, 실수를 통해 성장하는 것이 인간이다. 실수하는 인간이 인간적이다. 좀 허점이 있어야 친구도 많다. 도움을 줄 줄도 알고 받을 줄도 알아야 사람들이 가까이 다가온다. 완벽한 사람은 외로워지기 쉽고 자기 스스로도 불안해지기 쉽다. 주변 사람의 완벽하지 못한 모습을 못마땅하게 바라보기 때문이다. 자기 스스로 먼저 완벽하려 하지 말자. 그리고 남들도 완벽할 것을 기대하지 말자.

다섯째, 가능한 한 나쁜 일에는 관여하지 않는다.

양심에 걸릴 만한 문제에는 가능한 한 끼어들지 않는다. 불안의 정신분석적 원인에서 살펴본 것처럼, 우리 내면의 양심은 늘 가동되고 있어서 가책이 되는 행동을 하는 순간 우리 내면에는 불안이 자리잡는다. 물론 우리는 인간이어서 때로는 양심에 저촉되는 행동을 하기도 한다. 그러나 불안한 사람일수록 이런 행동을 했을 때 다른 사람보다 지나치게 더 괴로워한다. 평소 양심적으로 살려고 노력하겠지만, 불안하거나 스트레스가 많은 상황이라면 더욱 양심에 저촉되는 행동은 피한다.

여섯째, 무리하지 않는다.

일이든 공부든 운동이든 식사든 매사에 무리하지 말자. 무리하게 되면 몸은 물론 뇌도 지친다. 안 하던 운동을 갑자기 무리하게 하다가 공황발작을 일으키는 사람도 있다. 공부한다면서 잠을 안자고 카페인 음료를 밤새워 마시다 불안발작을 경험하는 경우도 흔하다. 무리한 다이어트도 공황발작의 원인이 된다. 절대 무리해서는 안 되고, 혹시 불안한 정도가 심해졌다고 느낀다면, 자신의 생활 모습 중 평소와 다르게 무리하고 있는 부분은 없는지 반드시 확인한다.

일곱째, 공부한다.

자신의 몸과 마음에 대해 정확히 공부한다. 물론 우리는 우리 자신에 대해 정확히 알기 어렵다. 특히 나의 마음과 몸의 상태를 정확히 아는 것은 쉬운 일이 아니다. 그러나 나에게 나타나는 여러 가지 현상을 정확히 알아야 불안을 극복하고 예방할 수 있다. 인지행동치료의 가장 중요한 부분 중의 하나가 정신교육psycho-education인데 이는 불안과 관련된 다양한 증상 및 상황을 정확히 알게 돕는 과정이다. 정확히 알아야 그에 대해 대처하고 예방할 수 있다. 반대로 부정확한 지식은 오히려 해가 될 수 있다. 앞서 언급한 의대생증후군이 대표적인 예다. 정확한 지식을 얻기 위해 노력하고 스스로 공부하기 어려운 부분은 그 분야의 진짜 전문가를 찾아 상의하라.

여덟째, 인생의 멘토를 한 명 정도는 꼭 둔다.

친구도 좋고 선배도 좋고 가족도 좋다. 인생에서 힘들 때 의논하고 조언을 들을 수 있는 멘토를 주변에 두자. 사실 우리 주변에 이런 역할을 해 줄 사람이 한두 명은 있다. 다만 불안하거나 당황했을 때 이런 사람들이 내 곁에 있다는 것을 잊기 쉽다. 평소에도 시간을 내어 그런 이들을 만나 건강한 메시지를 주고받는 것이 도움이 되지만, 불안한 상황이 나타나면 더더욱 그들과 만나 자신의 이야기를 하고 의논하는 것이 필요하다. 이들과의 대화를 통하여 자신의 비합리적이고 부정적인 생각이나 행동을 알게 되고, 이를 교정할 기회를 갖는 것이 도움이 된다. 정신치료는 이런 멘토와의 대화에서 시작한다. 반드시 전문가와의 대화만 도움이 되는 것이 아니다. 멘토는 많은 지식과 경험을 가진 사람이면 물론 좋지만, 마음이 건강하면서 나를 잘 알고 나에게 애정을 가져 주는 사람이면 충분하다. 그런 면에서 오랜 친구나 선배, 가족, 친지, 동료여도 좋은 멘토가 될 수 있다.

아홉째, 종합검사를 정기적으로 받는다.

주로 몸의 상태를 알아보는 신체종합검사가 이루어지지만, 최근에는 정신 문제에 대한 검사도 포함하는 경우가 있어 가능하면 이들 검사도 같이 받는 것이 필요하다. 종합검사는 우리가 미처 모르던 신체의 변화를 찾아 질병으로 발전하는 것을 예방하기 위한 과정인데, 정신건강검사도 스스로 미처 느끼지 못한 자신의 마음 변화를 미리 알아내어 질환으로 발전하기 전 이에 대비하도록 도움을 받을 수 있다.

열째, 생활에서 충분한 수분과 수면, 적절한 영양과 운동에 신경 쓴다.

수분 공급은 뇌를 건강하게 해주는 매우 중요한 습관이다. 뇌는 70% 이상이 수분으로 구성되어 있다. 잠도 중요하다. 어쩌다 하루 이틀 못 자는 것은 회복되기 쉽지만, 만성적인 수면 부족은 불안이나 공황발작의 원인이 되기 쉽다.

영양은 말할 것도 없다. 굶어서 뇌가 사용할 에너지가 부족하게 되면 뇌에서는 당장 경고 반응을 울리고, 각종 신체 증상은 물론 정신적으로 불안이라는 현상이 나타나게 된다. 절대 끼니를 거르지 말라. 필요하면 나누어서라도 먹어서, 뇌가 에너지 공급이 안 된다거나 부족하다고 느끼지 못하게 해야 한다.

적당한 운동으로 긴장을 풀어 준다. 스트레스가 많은 경우 몸은 경직되기 쉽다. 적당한 운동은 근육의 긴장을 풀어주고, 운동 후 취하는 휴식으로 그동안 누적된 피로도 함께 풀어 주는 효과를 얻을 수 있다.

이상의 열 가지 지침은, 살면서 너무나 당연하다고 느껴 왔고 잘 아는 부분일 것이다. 그럼에도 강조하는 것은, 너무 당연해서 놓치기 쉬웠던 것들을 다시금 되새겨서 지키자는 것이다. 건강한 몸에 건강한 마음이 깃들고, 건강한 마음에 건강한 몸이 깃든다.

마 치 는 글
## 왜 걱정하는가


불안에 관한 글을 정리하며, 문득 십수년 전 정신과 세미나 참
석차 방문한 지중해의 작은 섬 몰타에서 발견한 글이 떠올라 소
개하려 한다.

그 당시 세미나를 마친 마지막 날 동료들과 몰타의 한 어촌 마
을을 방문하여 시장을 구경하던 중 한 가게에서 파는 비치 타월
에 다음과 같은 글이 쓰여 있는 것을 보았다. 반가운 마음에 사서
한국에 가져와 가족들에게 보여준 기억이 난다.


### <Why worry>
왜 걱정하는가

There are only two things to worry about either you are
well or you are sick.
세상에는 오직 두 가지 걱정할 것이 있다. 건강하거나 아프거나.

If you are well, and there is nothing to worry about.
건강하면 걱정할 일은 없다.

If you are sick, there are two things to worry about, either
you will get well or die.

만일 아프다면 걱정할 것이 두 가지 있다. 회복되거나 죽거나.

If you get well, there is nothing to worry about.
회복된다면 걱정할 것이 없다.

If you die, there are two things to worry about.
만일 죽는다면 걱정할 것이 두 가지 있다.

Either you will go to heaven or hell.
천국에 갈 것인가 지옥에 갈 것인가.

If you go to heaven, there is nothing to worry about.
천국에 간다면 걱정할 것이 없다.

But if you go to hell, you'll be so damn busy shaking hands
with your friends.
You won't have time to worry.
만일 지옥에 간다 하더라도 친구들과 만나 악수하느라 정신없이
바빠 걱정할 시간이 없을 것이다.

So why worry!
그러니 왜 걱정하는가?

나중에 확인해 보니 이 글은 아일랜드인들의 삶의 철학에서 나온 글이라고 한다. 아일랜드인들의 걱정에 대한 철학이 묻어 있는 귀중한 글이다.

당신의 걱정이 마음을 잠식하게 두지 말고, 당신의 소중한 삶을 불행으로 가득하게 만들지 말고, 모쪼록 좋은 경험, 좋은 생각, 좋은 관계를 쌓는 데 조금 더 힘을 기울여 보자.

하지만 이러한 노력에도 내면의 불안을 스스로 감당하기 힘들다면, 주저없이 진료실 문을 두드리는 것이 현명하다.

씩씩한 척하지만 사실은 수많은 불안으로 힘겨운 당신이 도움을 청하고 도움 받을 용기를 가지길, 그래서 씩씩한 척이 아닌 정말 씩씩한 삶을 살게 되길 응원한다.

## 참고문헌

### Chap 1

대니얼 레비턴, 《석세스 에이징》, 미래엔, 2020

유니홍, 《눈치》, 덴스토리, 2020

홍진표, 〈2016년도 정신질환실태조사〉, 보건복지부, 삼성서울병원.

Neal Krause et al., "In the Shadow of Death: Religious Hope as a Moderator of the Effects of Age on Death Anxiety", The Journals of Gerontology: Series B 73(4), 2018 May, pp.696–703

Rosanna W. L. Lau · Sheung-Tak Cheng, "Gratitude lessens death anxiety", European Journal of Ageing, 2011 Sep. 8(3), pp.169–175

〈2020 국민건강보험공단 통계자료〉

〈2019 교통사고 추계〉, 〈2019 사고 유형별 사고〉, TAAS 교통사고 분석 시스템(사이버경찰청 및 도로교통공단 자료, http://taas.koroad.or.kr/)

〈2020_12월말_산업재해현황: 한국산업안전보건공단〉(https://kosha.or.kr/kosha/data/industrialDisasterStatistics.do)

나무위키, 보험계리사(https://namu.wiki/w/%EB%B3%B4%ED%97%98%EA%B3%84%EB%A6%AC%EC%82%AC)

이호승 기자 외, "쑥쑥 크는 건강식품, 연 7조 시장으로", 〈매일경제〉 2021.02.08.

### Chap 2

권석만, 《현대 성격심리학》, 학지사, 2021

임상곤, 《성격심리학론》, 백산출판사, 2016

일레인 폭스, 《즐거운 뇌, 우울한 뇌》, RHK, 2013

존 티어니·로이 F. 바우마이스터, 《부정성 편향》, 에코리브르, 2020

캐런 레이비치·앤드류 샤테, 《회복력의 7가지 기술》, 물푸레, 2014

켈리 맥고니걸, 《스트레스의 힘》, 21세기북스, 2015

W. Gaissmaier, G. Gigerenzer, "9/11, Act II: a fine-grained analysis of regional variations in traffic fatalities in the aftermath of the terrorist attacks", Psychological Science, 23(12), 2012 Dec, pp.1449-1454

Edited by Stein D., Hollander E. et al., Textbook of Anxiety Disorders, American Psychiatric Publishing, 2002

Joan Russo, Wayne Katon et al., Severity of somatization and its relationship to psychiatric disorders and personality, Psychosomatics 35(6), 1994 Nov-Dec, pp.546-556

Paul Costa, Robert R. McCrae, Personality Disorders and the Five-Factor Model of Personality, Journal of Personality Disorders 4(4), 1990 Dec, pp.362-371


## Chap 3

대한신경정신의학회 편, 《신경정신의학》(3판), iMiS, 2017

APA(미국정신의학회), 《정신질환의 진단 및 통계편람》(5판), 학지사, 2013

허묘연 외, 〈사회공포증과 관련된 양육태도검사의 개별연구〉, 《소아청소년 정신의학》 9권 2호(1998), pp.129-139

Torey L. Hayden, Classification of Elective Mutism, Journal of the American Academy of Child & Adolescent Psychiatry, Vol.19, Issue 1(1980), pp.118-133

"스포츠 스타와 강박증", 〈중앙일보〉 2020.09.07.


## Chap 4

대한스트레스학회 편, 《스트레스 과학》, 한국의학, 2013

대한신경정신의학회 편, 《신경정신의학》(3판), iMiS, 2017

앨런 밀러·가나자와 사토시, 《처음 읽는 진화심리학》, 웅진지식하우스, 2015 2008

이병윤 외, 《현대정신의학》, 일조각, 1982

조두영, 《임상행동과학》, 일조각, 1997

톰 오브라이언, 《당신은 뇌를 고칠 수 있다》, 브론스테인, 2019

APA(미국정신의학회), 《정신질환의 진단 및 통계편람》(5판), 학지사, 2013

Martin Brune, Textbook of Evolutionary Psychiatry, Oxford University Press, 2008

Joseph LeDoux, Anxious: Using the Brain to Understand and Treat Fear and Anxiety, Penguin Books, 2016

Edited by Stein D., Hollander E. et al., Textbook of Anxiety Disorders, American Psychiatric Publishing, 2002

Steven M. Prinz·Margaret Wehrenberg, The Anxious Brain, W.W.Norton & Company, 2007

오강섭, 〈진화심리학적 관점에서의 불안 및 불안장애〉, 《생물정신의학》 24(2), 2017, pp.45-51


## Chap 5

김린, 《불면장애》, 도서출판 대한의학, 2019

대한스트레스학회 편, 《스트레스 과학》, 한국의학, 2013

대한신경정신의학회 편, 《신경정신의학》(3판), iMiS, 2017

엘리자베스 루카스·라인하르트 부르첼, 《불안과 생활 속 거리 두기》, 일므디, 2020

크리스티나 베른트, 《번아웃》, 시공사, 2014

타마르 챈스키, 《내 아이가 불안해할 때》, 마인드북스, 2012

프랭클린 쉬넬러 저, 오동재·오강섭 역, 《사회공포증의 이해와 극복하는 방법》, 하나의
학사, 2001

Viktor E. Frankl, Man's Search for Meaning, Beacon Press, 2006

Edited by Stein D., Hollander E. et al., Textbook of Anxiety Disorders,
American Psychiatric Publishing, 2002)

오강섭 외, 〈불면증 환자의 정신생리 상태: 수면 직전 각성 정도, 자기 효율 정도, 수면
위생 불안과 우울 정도〉, 《수면·정신생리》 2(1), 1995, pp.82-90

Anneloes M. Hulsman, Reinoud Kaldewaij et al., Individual differences in
costly fearful avoidance and the relation to psychophysiology, Behaviour
Research and Therapy 137(2021), 103788

Elizabeth S. Stevensa, Lynne Liebermana et al., Startle during threat
longitudinally predicts functional impairment independent of DSM
diagnoses, Psychiatry Research 279(2019), pp.207-215

Amanda MacMillan and Stephanie Booth, 12 Anxiety symptoms that might
point to a disorder(http://www.health.com/anxiety August 05, 2020.)

"스포츠 박사의 스포츠 용어 산책44, 입스는 어떻게 생긴 말일까?", 〈마니아 타임즈〉
2020.12.

## Chap 6

대한노인정신의학회 편, 《노인정신의학》(개정2판), 엠엘커뮤니케이션, 2015

대한신경정신의학회 편, 《신경정신의학》(3판), iMiS, 2017

이시형, 《대인공포증》, 일조각, 1993

한국자살예방협회 편, 《자살의 이해와 예방》, 학지사, 2008

APA(미국정신의학회), 《정신질환의 진단 및 통계편람》(5판), 학지사, 2013

오강섭·오명신·이시형, 〈사회공포증 환자의 기능장애에 관한 연구〉, 《정신신체의학》
7(1), 1999, pp.72-78

이시형·신영철·오강섭, 〈사회공포증에 관한 10년간의 임상연구〉, 《신경정신의학》
33(2), 1994, pp.305-311

Altaf Saadi·Mario Cruz-Gonzalez et al., Associations Between Trauma, Sleep,
and Cognitive Impairment Among Latino and Asian Older Adults, Journal
of the American Geriatrics Society 69(4), 2021 Apr, pp.1019-1026

Jitender Sareen·Brian J. Cox et al., Anxiety Disorders and Risk for Suicidal
Ideation and Suicide Attempts: A Population-Based Longitudinal Study of
Adults, Arch Gen Psychiatry 62(11), 2005, pp.1249-1257

Julia D. Buckner·Austin W. Lemke et al., Social Anxiety and Suicidal Ideation: Test of the Utility of the Interpersonal-Psychological Theory of Suicide, Journal of Anxiety Disorders 45, 2017 Jan, pp.60–63

Kimberly A.Arditte·Danielle M.Morabito et al., Interpersonal risk for suicide in social anxiety: The roles of shame and depression, Psychiatry Research 239(30), 2016 May, pp.139-144

Meredith G. Warshaw·Regina T. Dolan·Martin B. Keller, Suicidal behavior in patients with panic disorder: retrospective and prospective data, Journal of Affective Disorders 34(3), 1995 Jun, pp.235-247

Nancy Cloak·Yasir Al Khalili, Behavioral And Psychological Symptoms In Dementia, Treasure Island (FL): StatPearls Publishing; 2020 Jan(https://www.ncbi.nlm.nih.gov/books/NBK551552/)

## Chap 7

대한신경정신의학회 편, 《신경정신의학》(3판), iMiS, 2017

대한스트레스학회 편, 《스트레스 과학》, 한국의학, 2013

안데르스 한센, 《움직여라, 당신의 뇌가 젊어진다》, 반니, 2018

야오나이린, 《뇌는 당신이 왜 우울한지 알고 있다》, 더퀘스트, 2021

일레인 폭스, 《즐거운 뇌, 우울한 뇌》, RHK, 2013

Amir Garakani et al., Pharmacotherapy of Anxiety Disorders: Current and Emerging Treatment Options, Frontiers in Psychiatry 11, 2020 Dec(https://doi.org/10.3389/fpsyt.2020.595584)

Andrew Mathews·Bundy Mackintosh, Induced emotional interpretation bias and anxiety, Journal of Abnormal Psychology 109(4), 2000, pp.602–615

Ellen Van Leeuwen et al., Approaches for discontinuation versus continuation of long–term antidepressant use for depressive and anxiety disorders in adults, Cochrane Database of Systematic Reviews no.4, 2021(https://doi.org/10.1002/14651858.CD013495.pub2)

James W. Murrough et al., Emerging Drugs for the Treatment of Anxiety, Expert Opin Emerg Drugs 20(3), 2015 Sep, pp.393–406.

Rima Shetty·Sreejayan Kongasseri·Shweta Rai, Efficacy of Mindfulness Based Cognitive Therapy on Children With Anxiety, Journal of Cognitive Psychotherapy 34(4), 2020 Nov, pp.306-318

Sonal Mathur et al., A randomized controlled trial of mindfulness-based cognitive therapy vs stress management training for obsessive-compulsive disorder, Journal of Affective Disorders 282, 2021 Mar, pp.58-68

Trudy Scott, The Anti-Anxiety Food Solution, New Harbinger Publications, 2011

"10 of the Worst Foods and Drinks for Anxiety", 〈U.S.News〉, 2021.07.07.

# 불안한 마음
# 괜찮은 걸까?

1판 1쇄 2021년 8월 20일 발행
1판 3쇄 2024년 4월 15일 발행

지은이 · 오강섭
펴낸이 · 김정주
펴낸곳 · ㈜대성 Korea.com
본부장 · 김은경
기획편집 · 이향숙, 김현경
디자인 · 문 용
영업마케팅 · 조남웅
경영지원 · 공유정, 임유진

등록 · 제300-2003-82호
주소 · 서울시 용산구 후암로 57길 57 (동자동) ㈜대성
대표전화 · (02) 6959-3140 | 팩스 · (02) 6959-3144
홈페이지 · www.daesungbook.com | 전자우편 · daesungbooks@korea.com

ⓒ 오강섭, 2021

ISBN 979-11-90488-26-6 (03180)
이 책의 가격은 뒤표지에 있습니다.